“双一流”高校公共项目建设绩效评价体系的建立

邓岳南　著

中国纺织出版社有限公司

内 容 提 要

随着国家对高等教育的不断重视和投入，各高校之间竞争越来越激烈，提升高校的综合实力成了当下高等教育的核心任务之一。其中，“双一流”高校的建设是当前高等教育领域的一个热点话题，而如何评估该项目的绩效，是当前亟待解决的问题。

因此，本书从绩效评价理论出发，在介绍公共项目概述、绩效评价理论和“双一流”高校公共项目绩效评价现状的基础上，构建了“双一流”高校公共项目绩效评价体系，并提出相关改进建议，旨在为高校和相关领域的研究者提供一个绩效评价的理论和实践参考，推动“双一流”高校建设在中国高等教育领域的持续发展。

图书在版编目（CIP）数据

“双一流”高校公共项目建设绩效评价体系的建立/邓岳南著. --北京：中国纺织出版社有限公司，2023. 8
ISBN 978-7-5229-0750-5

Ⅰ. ①双… Ⅱ. ①邓… Ⅲ. ①高等学校－工程项目管理－经济绩效－经济评价－中国 Ⅳ.①G647

中国国家版本馆CIP数据核字（2023）第129004号

责任编辑：段子君 责任校对：高 涵 责任印制：储志伟

中国纺织出版社有限公司出版发行
地址：北京市朝阳区百子湾东里 A407 号楼 邮政编码：100124
销售电话：010—67004422 传真：010—87155801
http://www.c-textilep.com
中国纺织出版社天猫旗舰店
官方微博 http://weibo.com/2119887771
天津千鹤文化传播有限公司印刷 各地新华书店经销
2023 年 8 月第 1 版第 1 次印刷
开本：710 × 1000 1/16 印张：10
字数：92 千字 定价：99.00 元

前言

随着国家对高等教育的不断重视和投入，各高校之间竞争越来越激烈，提升高校的综合实力成了当下高等教育的核心任务之一。其中，“双一流”高校建设是当前高等教育领域的一个热点话题，旨在提升高校的学术水平和科研实力，促进中国高等教育的发展。

然而，“双一流”高校建设需要大量的资金投入和管理，而如何评估该公共项目的绩效，是当前亟待解决的问题。本书就是在此背景下产生的，旨在探讨如何基于绩效评价理论和方法，对“双一流”高校公共项目的绩效进行评价，并提出相应的政策建议。

本书共分为五章，第一章为导论，主要介绍公共项目概述和绩效评价理论，为后续的研究奠定基础。第二章则对“双一流”高校公共项目绩效评价的现状进行了分析。第三章在第二章的基础上构建了“双一流”高校公共项目的绩效评价体系。第四章针对该绩效评价体系提出了相关的改进建议，包括强化受托责任机制、充分发挥社会参与作用。最后，第五章总结了本书的结论，并提出了对“双一流”高校建设的启示、政策建议以及该绩效评价体系的应用前景。

本书采用系统性的研究方法，旨在为高校和相关领域的研究者提供一个绩效评价的理论和实践参考，推动“双一流”高校建设在中国高等教育领域的持续发展。

本书在编写过程中参考了大量的文献资料，并受到了许多专家学者的支持和帮助，在此向他们致以诚挚的谢意。

相信本书的出版将为高校绩效评价和“双一流”高校建设的研究和实践提供有益的帮助，也希望本书能够引起更多人对于高校绩效评价和“双一流”高校建设的关注和思考。

邓岳南

2023 年 3 月

目录

第一章　导　论

第二章　“双一流”高校公共项目绩效评价现状分析

第三章　“双一流”高校公共项目绩效评价体系的构建

第一章
导　论

第一节　公共项目概述

一、公共项目

（一）公共项目的概念

虽然公共项目的概念在西方国家已经得到普遍认同和使用，但在我国是近年来才开始使用的概念。国际上将工程项目划分为公共项目和私人项目两类，用于区分不同资金来源和社会效益的项目。我国的公共项目概念的提出来源于政府投资项目。随着我国市场经济的发展，项目投资主体日益多元化，项目管理模式日趋多样化。基于投资主体的划分视角，项目可以划分为政府投资项目及非政府投资项目。政府投资项目是指政府通过财政投资、发行国债或向资本市场融资，利用外国政府赠款或国际金融组织贷款等方式独资或合资兴建的固定资产投资项目。进入21世纪，随着我国政府财政体制改革的推进，学者们开始从市场经济条件下政府的经济职能入手，研究政府投资项目的范畴，公共项目的概念产出并不断完善。

在国内的公共项目研究中，公共项目的概念界定并不一致，研究者出于各自的研究目标和要求，采用了不同的名称，如“公共投资项目”“公共工程项目”等。吴样明认为“公共投资项目”是各级政府为实现其辖区范围内经济和社会发展，使用公共财政投资建设的市政、交通、文化、教育、体育、环境等工程，其影响效果远非一般生产项目所能比拟，是公众格外关注的焦点之一。花拥军将之界定为“公共工程项目”，并定义为“为了满足国家和地区社会发展需要，以增进社会福利为投资最终目标的项目”。齐中英、朱彬将公共项目定义为直接或间接向社会提供公共消费品的项目。齐二石认为，公共项目是项目的一个种类，凡是为了提供一项公共物品而进行的项目都可以算是公共项目。区分和辨别公共物品和私人物品通常使用两个标准即排他性和竞争性。虽然概念界定不一，但是，上述学者均是根据公共项目向社会公众提供公共物品的种类来区分公共项目和私人项目的。

综合以上概念，公共项目的界定多样，既包括广义概念，又包括狭义概念。广义公共项目是指以满足社会公众需求为目标的项目，无论项目的出资主体、项目组织管理模式等。狭义公共项目是指以政府为投资主体的项目。本研究采用狭义公共项目概念，将公共项目定义为：以满足社会公众需要为目的，以政府为投资主体和业主，通过配置一定的资源，生产或提供公共物品或公共服务的固定资产建设项目。对公共项目的界定包括以下四点。

1. 公共项目的目标是服务于社会公众的需要

公共项目与私人项目不同，公共项目的主要目标是满足社会公众的公共需求，为其提供生活、工作等必需的公共物品或公共服务。

2. 政府为最终业主

政府作为最终的物业业主，对项目的最终产出物拥有所有权，在公共项目的启动、决策和兴建过程中扮演决策者和领导者的角色。

3. 以政府为投资主体

公共项目以政府为投资主体。虽然经营性公共项目有大量的民间资本涌入，受市场机制调节。但是，在公共项目的建设过程中仍以政府投资为主体，非政府投资者所占比例很小。

4. 以提供公共物品或公共服务为实现手段

公共物品具有非竞争性和非排他性，通常由政府来提供。公共项目通过生产或提供公共物品或公共服务，来满足社会公众的公共需求，实现公益性目标。

（二）公共项目的特征

1. 公共项目的投资人、发起人和最终业主为政府

政府既是项目的投资人，又是项目的发起人，还是项目的最终业主。公共项目的主要投资人为政府投资管理部门，对项目资金的使用承担管理和监督的责任；作为项目的发起人，政府对于项目的审批、立项具有管理的职责；政府同时也是公共项目的最终业主，管理和监督项目的招

投标、建设和验收。政府既是公共项目的决策者，又是公共项目的管理者。通常，项目业主是项目的所有者和受益人。而政府作为公共项目的业主，并非项目最终受益人，公共项目的受益人是社会公众。公共项目的业主主要包括中央各级政府财政部门、政府授权的法定组织、地方政府等。虽然随着投融资体制改革和市场条件的变化，一些具有竞争性和经营性的政府工程项目逐渐由非公共部门投资建设，但是建设主体的改变，并不改变公共项目的项目特征和属性。

2. 项目使用权的公共性

政府是公共项目的投资人和发起人，却并非项目的最终受益人和使用人。公共项目的产权属于公共产权。公共项目的使用权具有正外部性和公共性特征，公共项目的建设满足了社会公众的社会性需求，提升了社会公众物质和精神层面的生活质量。社会公众作为公共项目的使用者，其需求的满足也是公共项目追求的目标所在。公共项目使用权的公共性特征是公共项目区别于私营项目的重要特征。

3. 效益的外部性和长期性

外部性又称溢出效应、外部影响或外差效应，指一个人或一群人的行动和决策使另一个人或一群人受损或受益的情况。经济外部性是经济主体（包括厂商或个人）的经济活动对他人和社会造成的非市场化的影响。即社会成员（包括组织和个人）从事经济活动时其成本与后果不完全由该行为人承担。公共项目的主要效益是满足社会公众的社会性需求，提高其工作和生活的水平，而不是投资本身的利润收益。因此，公共项目效益具有外部性特征。

公共项目的效益体现在对社会公众需求的满足上，其社会效益具有长期性的特点。公共项目在启动之前，通常需要进行反复、大量的社会性调查，评价项目的长期性效果。在项目竣工交付使用后，社会公众能够在相对较长的一段时间内享受到项目所带来的公益性效益。但是，在公共项目效益评价过程中，不同的利益相关者从各自的角度评价项目的绩效，其结果很难达成一致。

4. 建设周期长、规模大

公共项目大多投资于关系国计民生的基础设施领域，建设周期较长，投资规模一般也较大，管理结构复杂，涉及的利益相关主体众多。对于周期长、投资大、风险高的公共项目的高效管理和有效运营，是政府、项目管理单位重要关心的问题。

5. 项目管理日益复杂

随着公私合作关系思想在我国的不断深化，多元化投资主体不断进入公共项目建设领域。此外，公共项目的运营管理也逐渐有私营部门参与，这就使公共项目的管理日益复杂。如果管理不到位、沟通不畅，就会造成社会资源的浪费，增加项目成本，导致项目的失败。因此，在公共项目管理过程中应引入现代科学项目管理理念，赋予利益相关者充分的知情权，让其了解项目的管理过程，献言献策。世界上大部分国家公共项目采取了严格的管理制度和措施，包括立项审批制度、政府采购制度、项目评审程序和项目激励制度等。

6. 社会关注度高

公共项目以满足社会公众的公共需求为最终目的，涉及公众生活的方方面面，通常是社会和公共媒体关注的焦点，具有较高的社会关注度。由于公共项目关系到公众的切身利益，社会公众具有较强的参与意愿和建言献策的积极性。因此，公共项目应强化与社会公众和公共媒体的沟通，接受社会的检查、监督，增加项目的透明度。

（三）公共项目的类型

1. 根据盈利性划分

公共项目根据盈利性可划分为经营性公共项目、准经营性公共项目和非经营性公共项目，见表 1–1。

表 1–1 公共项目分类表

分类	投资主体	权益归属	实例
经营性公共项目	投资主体多元	谁投资谁收益	收费高速公路、高速铁路
准经营性公共项目	政府适当补贴 吸纳各方投资	谁投资谁收益 政府不考虑回报	煤气、自来水
非经营性公共项目	政府投资	政府	非收费公园、健康设施

经营性公共项目是指通过市场资源进行配置，项目建成后具有稳定、持续的经济性收益的公共项目，如收费高速公路等。该类型的公共项目具有较强的融资能力，投资主体可以是政府，也可以是私营投资者，如企业或个人。经营性公共项目在投资、兴建、运营和管理过程中具有很

强的灵活性。

准经营性公共项目是指具有收费机制和直接的经济性盈利，但项目受公益性目的的影响，经济效益不够明显，投资和经营成本很难完全回收的项目，如城市供水、公共交通、污水处理等项目。

非经营性项目是指旨在实现社会目标和环境目标，为社会公众提供产品或服务的非营利性投资项目，该类项目不收费或无法收费，投资建设形成的固定资产无偿使用，不具有盈利性，投资主体只能由代表公众利益的政府承担。主要包括社会公益事业项目（如教育项目、医疗卫生保健项目）、环境保护与环境污染治理项目、公用基础设施项目（如市政项目）等。经营性公共项目、准经营性公共项目是相对的，在其价格机制不断完善或外部环境条件变化时，准经营性公共项目可以转变为经营性公共项目。而非经营性公共项目通常受其公益服务目的的影响，很难转化为经营性公共项目或准经营性公共项目。

2. 根据项目资金来源划分

根据项目资金来源划分，公共项目可以划分为单一投资项目和混合投资项目。单一投资项目是以政府公共部门为唯一投资主体，如国防工程项目、重大基础设施项目、医疗保健项目等；混合投资项目是指项目开展的资金由多元主体提供，如部分经营性公共项目既有国家财政支持，又有社会和企业参股，还可能有社会捐助。

3. 根据公共物品的影响范围划分

根据公共物品的影响范围划分，公共投资可以分为中央公共投资和地方公共投资，地方公共投资又可以分为城市公共投资和农村公共投资。

二、“双一流”建设

（一）“双一流”建设的概念和内涵

1.“双一流”建设的概念

“双一流”建设是指中国高等教育机构为提升自身学科水平、优化学科结构和提高整体竞争力而实施的一种重要发展战略。该战略提出了“一流学科建设”和“一流大学建设”两大目标，旨在培养高素质人才，推动科学技术进步和经济社会发展。

“双一流”建设的提出，源于中国高等教育机构在面临国际化、市场化和多元化竞争的背景下，认识到自身在学科水平、人才培养和科学研究等方面存在的不足，并寻求以高水平学科建设和高水平大学建设为核心，打造世界一流大学，提升自身在全球高等教育中的地位和影响力。

“双一流”建设的概念涉及“一流学科建设”和“一流大学建设”两个方面。其中，“一流学科建设”是指高等教育机构以学科为基础，通过整合内外部资源，提升学科水平、优化学科结构，培养高素质人才，推动科技创新和社会发展的一项重要战略任务；“一流大学建设”则是指高等教育机构在学科一流的基础上，通过整体性的改革和创新，提升整体竞争力，进而成为具有国际影响力的一流大学。

在“双一流”建设的指导下，中国高等教育机构积极推进学科建设和整体竞争力提升，逐步形成了一批具有国际影响力的一流大学和一流学科。例如，清华大学、北京大学、上海交通大学、复旦大学等一批综合性大学在“双一流”建设中发挥了重要作用，同时，电子科技大学、南开大学、中山大学等高水平学科也得到了广泛的认可。

总之，“双一流”建设的提出，为中国高等教育机构的发展提供了新的思路和方向，激励了广大师生积极探索和实践，同时也对全球高等教育的发展产生了积极的推动作用。

2.“双一流”建设的内涵

“双一流”建设是中国高等教育改革发展的重要战略，旨在建设一批学科“一流”、学校“一流”的高水平教育机构。该理论的内涵主要包括以下四个方面。

（1）高水平学科建设：“双一流”建设中的“一流”学科是指在国际上具有较高声誉和影响力，能够承担一流学术研究、人才培养和社会服务的学科。高水平学科建设是“双一流”建设的核心，只有学科达到了“一流”水平，才能带动学校整体的“一流”建设。

（2）综合实力提升：“双一流”建设不仅要求高校在学科建设上取得“一流”成绩，还要求高校在其他方面的发展具有较高的水平。综合实力提升包括教师队伍建设、科研创新、学生培养、社会服务、国际化水平等方面。只有在多方面的发展上取得成绩，才能使高校整体实力得到提升。

（3）动态更新和持续发展："双一流"建设不是一次性的工程，而是一个长期的过程。高校需要根据自身情况，动态调整建设目标和方向，不断推进建设工作，使之成为持续发展的动力。同时，高校也需要不断适应国内外形势的变化，积极引进和吸收新的理念、思想和技术，推动"双一流"建设向更高水平迈进。

（4）服务国家战略和社会需求："双一流"建设要服务于国家战略和社会需求，既要符合国家经济和社会发展的方向和需要，又要满足人民对于高等教育的期望和要求。高校应当充分发挥自身优势，为国家和社会提供优质的教育服务和人才培养，为国家的经济建设和社会进步做出积极贡献。

综上所述，"双一流"建设是一个多方面、长期的过程，强调高校要注重学科建设、综合实力提升、动态更新和持续发展、服务国家战略和社会需求。

（二）"双一流"建设的范围和分类

1."双一流"建设的范围

"双一流"建设的范围主要是指高等教育领域中的"双一流"建设。该建设旨在推动中国高等教育水平的提升和学科建设的优化，进一步提高中国高等教育的国际竞争力和影响力。

在具体实践中，“双一流”建设主要包括以下五个方面。

（1）高等教育机构：高等教育机构指的是一种提供高等教育服务的机构，主要包括大学、学院、研究机构等。在中国，高等教育机构的设置和管理主要由国家教育行政部门负责，同时也会受到地方政府的监管和协调。高等教育机构的主要任务是培养高素质人才，推动科学技术和文化的进步。除此之外，高等教育机构还承担着科学研究、社会服务等方面的职责。近年来，高等教育机构在推动经济社会发展、促进人民群众文化素质提升等方面发挥着越来越重要的作用。

（2）学科建设：“双一流”建设提出了对于高等教育机构学科建设的要求，即要发展学科的内涵和外延，实现学科的深度和广度的平衡发展。这需要高校加强学科的设置、整合和优化，同时注重学科的发展和建设，提高学科的竞争力和影响力。

具体来说，学科建设应包括以下四个方面。

①学科的设置和调整：高校需要根据社会需求和学科发展趋势，科学合理地设置和调整学科，保证学科的覆盖面和齐全性，同时避免学科重复和重叠。

②学科的发展：高校需要加强学科的研究和发展，提高学科的学术水平和研究成果的质量和数量，同时关注学科的应用和转化，促进学科与产业融合。

③学科的整合和协同：高校需要对学科进行整合和协同，促进学科

之间的交叉融合和互补发展，提高学科的综合实力和竞争力。

④学科的优化：高校需要对学科进行优化，提高学科的教学质量和师资水平，培养具有国际视野和创新能力的高水平人才，同时注重学科的社会服务和国家需求。

（3）人才培养：在这方面，高等教育机构需要通过制定合理的培养目标和方案，加强教育教学的管理和监督，引入创新性的教育教学模式，提高人才培养质量和水平。

首先，高等教育机构需要明确培养目标。这包括制定符合国家和地方经济社会发展需要的人才培养目标和方案，确定具有市场竞争力的专业和学科，以及根据不同层次和类型的学生特点制订相应的培养计划。

其次，高等教育机构需要优化人才培养模式。这包括引入先进的教育教学理念和方法，推动教育教学改革，探索创新性的人才培养模式，如工学结合、学以致用等，促进学科交叉和跨学科教育，提高学生的创新和实践能力。

再次，高等教育机构需要加强教育教学的管理和监督。这包括建立健全的教学质量保障体系，加强对教师和学生的管理和指导，建立有效的教学评价机制，提高教学质量和教学效果。

最后，高等教育机构需要注重培养质量。这包括提高学生的职业素养和能力，加强与用人单位的联系和合作，增强学生的就业能力和竞争力，推动高等教育向高质量、创新性、国际化方向发展。

（4）科学研究：该建设强调了科学研究的重要性。科学研究是指基于科学方法和原则，通过收集、整理、分析、解释、推理和验证信息的过程，以发现新知识、解决问题、验证或推翻假说、理论或模型为目的的一种系统性的活动。科学研究涉及多个方面，包括科学哲学、科学方法、科学社会学、科学心理学等，其核心在于遵循科学的基本原则和方法。

科学研究的基本原则是客观性、可证伪性、可重复性和开放性。客观性要求科学研究者在研究过程中不受主观影响，以客观事实为依据；可证伪性要求科学研究者提出的假设、理论或模型需要经过实验验证和反复检验；可重复性要求科学研究者的实验结果可以被其他人重复验证；开放性要求科学研究者公开其研究的过程和结果，接受同行专家的评审。

科学研究的方法包括归纳法、演绎法、实证法、模拟法、比较法等，其中实证法是最为重要的方法之一。实证法要求科学研究者通过实验、观察、测量等手段获得可靠的数据和事实，然后运用科学理论和方法对这些数据和事实进行分析和解释，从而获得科学知识。

科学研究的重要性在于它可以推动人类社会的发展和进步。科学研究为人类提供了新的知识、技术和方法，促进了各个领域的发展和创新。同时，科学研究也为人类解决了很多难题和问题，提高了人类的生活质量和幸福感。

（5）社会服务：社会服务是“双一流”建设的重要组成部分之一，是高等教育机构为社会提供服务的重要方式。它主要包括技术转移、社会服务和产业支持三个方面。

首先，技术转移是指将高等教育机构的技术成果转化为产品或服务，推动科技创新成果实现商业化、产业化，提高产业技术水平。技术转移可以帮助高等教育机构将研究成果应用到实际生产和生活中，促进科技创新成果的推广和应用。

其次，社会服务是指高等教育机构向社会提供各种形式的服务，以满足社会的需求。这些服务包括社会调查、咨询、公共政策建议、人才培训、文化交流等，旨在促进社会的发展和进步。

最后，产业支持是指高等教育机构为产业发展提供各种支持和服务，包括技术研发、产业规划、市场营销、人才培养等。产业支持的目的是提高产业竞争力和创新能力，推动产业升级和转型。

综上所述，社会服务是“双一流”建设的重要组成部分，有助于促进高等教育机构与社会的互动和融合，促进社会的发展和进步。

2.“双一流”建设的分类

（1）按照建设目标的不同分类：从国家层面来看，“双一流”建设主要是为了推动高等教育机构和科研机构的改革发展，提高国家整体的科技实力和人才水平。从学校层面来看，“双一流”建设则是为了提升学校的综合实力和竞争力，吸引更多优秀的师生和资源。

（2）按照评价指标的不同分类：在实际的“双一流”建设过程中，评价指标的选择和权重分配也是一个重要的问题。常见的评价指标包括学科水平、人才培养、科研能力、社会服务等多个方面。这些指标可以分为硬性指标和软性指标两大类。硬性指标通常是一些量化的指标，如科研项目数、发表论文数等；软性指标则是一些难以量化的指标，如师生的综合素质、社会影响力等。

（3）按照建设方式的不同分类：在“双一流”建设中，建设方式也可以分为不同的类型。例如，有些高校采取“一股独大”的方式，专注于某一领域或学科的发展，以期在该领域或学科上取得国际领先的地位；而有些高校则采取“多点开花”的方式，全面推进各个学科的发展，以期实现学校整体的提升。

（4）按照建设阶段的不同分类：在“双一流”建设的不同阶段，需要采取不同的策略和措施。一般来说，建设过程可以分为“储备期”“起步期”“攀登期”和“巩固期”等不同阶段。在每个阶段，都需要针对性地制定相应的规划和目标，以确保“双一流”建设能够稳步推进。

第二节 绩效评价理论

一、绩效评价的根源

绩效评价作为一种管理工具，在现代组织管理中已经被广泛应用。其根源可以追溯到20世纪初期的科学管理理论，尤其是弗雷德里克·泰勒所提出的“任务分工”和“工作量定额”等概念。

泰勒认为，工作的评价和薪酬应该与工人的工作表现直接挂钩，即工人的薪酬应该根据其完成的任务数量和质量来确定。这一思想奠定了绩效评价的基础，即根据工作表现评价和激励员工。

20世纪50年代，美国经济学家彼得·德鲁克提出了“管理是衡量绩效”的思想，强调管理者需要通过对绩效的衡量来制定决策和制定战略。他提出了“管理者需要了解每个人在组织中的绩效，否则他无法决策，也不能做出明智的人事决策”。

此后，绩效评价理论逐渐得到发展和完善。到20世纪六七十年代，出现了许多对绩效评价的研究和实践，其中最著名的是哈里·哈罗维茨提出的“管理通过目标的制定、反馈和激励的方式来改善绩效”理论，即“管理目标控制”。

到二十世纪八九十年代，随着质量管理和全面质量管理（TQM）的兴起，绩效评价的范围也逐渐扩大到组织的各个方面，包括质量、效率、成本等。此时，绩效评价已不仅是对员工工作表现的评价，更成了对整个组织绩效的评价和控制。

绩效评价理论的根源可以追溯到科学管理理论和管理控制理论，但随着时间的推移，它已经发展成为一种综合性的管理工具，适用于组织的各个方面，并在不断发展和完善。

二、绩效评价的概念与内涵

（一）绩效评价的概念

绩效评价是指对组织、个人或项目在一定时间内所完成的任务、工作目标以及达成程度进行评估的过程。绩效评价不仅是对过去工作的评价，更是一种改进工作的方法和手段，可以为组织和个人提供反馈和指导，从而不断提高工作绩效。

绩效评价的主要目的是衡量和监测工作成果，确保组织和个人达到预期目标，并为提高工作效率提供有针对性的指导和支持。通过绩效评价，可以明确工作目标、确定绩效标准、制订计划、实施监控、反馈评估结果，并在此基础上不断进行调整和改进。

绩效评价通常包括多个层面，从个人绩效评价到项目绩效评价，以及组织绩效评价等。在组织层面，绩效评价可以帮助组织管理层确定战略目标，并评估员工对于组织目标的贡献，以便制定激励政策和晋升方案。在个人层面，绩效评价可以帮助员工了解自己在工作中的表现，从而找到提高绩效的方法和方向。

绩效评价是一种动态的过程，需要持续进行，以便及时发现问题并进行调整和改进。在实施绩效评价过程中，还需要考虑评价的公正性、可靠性和有效性，避免因主观因素或评价指标的不合理而导致评价结果的失真。

总之，绩效评价是管理和改进工作的关键环节，能够为组织和个人提供有效的指导和支持，提高工作效率和成果。

（二）绩效评价的内涵

绩效评价是一种对组织、项目或个人进行全面、系统评估的方法，以确定其是否能达到预定的目标和标准，并在必要时提出改进方案。它是一种管理工具，通过对工作绩效的评估，帮助组织或个人发现问题、优化资源配置，提高工作效率和实现目标。绩效评价的内涵包括以下七个方面：

（1）目标导向性：绩效评价必须建立在目标的基础上，通过对目标的制定、落实、执行和评估，确定绩效评价的标准和指标。

（2）全面性：绩效评价需要对工作的各个方面进行评估，包括工作质量、工作效率、工作态度、工作行为等。

（3）系统性：绩效评价需要建立科学的评价体系和评价标准，将各个方面的评估指标相互关联，使评价体系具有完整性和科学性。

（4）实时性：绩效评价需要在工作过程中不断进行，及时发现问题和解决问题，确保工作的顺利进行。

（5）相对性：绩效评价需要进行相对评价，将同类工作或同类组织的工作绩效进行比较，确定绩效评价的相对位置和优劣。

（6）反馈性：绩效评价需要及时反馈评价结果，以便组织或个人能够及时了解自身工作表现，及时采取措施加以改进。

（7）改进性：绩效评价需要具备改进功能，通过评价结果和反馈信息，确定改进方案，改善工作绩效和达成目标。

总之，绩效评价是一种有效的管理工具，它可以帮助组织或个人了解自身工作表现，优化资源配置，提高工作效率和实现目标。它需要建立在目标导向性、全面性、系统性、实时性、相对性、反馈性和改进性的基础上，具有科学性和可操作性。

三、绩效评价的范围和分类

绩效评价是指对组织或个人在一定时期内所取得的成果和效益进行评估和判断的过程。在组织管理中，绩效评价是非常重要的一环，因为它可以帮助组织了解自己的业绩，及时发现问题，加以改进和提升，从而实现更好的发展和成长。

（一）绩效评价的范围

绩效评价的范围可以涵盖组织、部门、个人、项目等不同层面。以下是各个层面的绩效评价范围的详细说明。

1. 组织绩效评价

组织绩效评价是指对整个组织的绩效进行评价，包括组织战略、目标、文化、管理体系等方面。其主要目的是帮助组织了解自身的发展状况、发现问题并及时进行调整和改进，从而提高组织的绩效水平。组织绩效评价通常采用定量和定性相结合的方法，包括财务指标、客户满意度、员工满意度、流程效率等多个方面。

2. 部门绩效评价

部门绩效评价是指对组织内部各个部门或职能部门的绩效进行评价。其主要目的是评估部门的运营状况、发现问题并进行改进，提高部门的效率和质量。部门绩效评价通常采用定量和定性相结合的方法，包括生产效率、成本效益、人员培训和发展、服务质量等多个方面。

3. 个人绩效评价

个人绩效评价是指对组织内部个人的绩效进行评价。其主要目的是评估个人的工作表现、激励员工、提高工作效率和质量。个人绩效评价通常采用定量和定性相结合的方法，包括个人目标完成情况、工作态度、工作质量、团队合作等多个方面。

4. 项目绩效评价

项目绩效评价是指对项目的绩效进行评价，包括项目的完成情况、进度、质量、成本、风险等。其主要目的是帮助项目管理者了解项目的执行情况、发现问题并及时进行调整和改进，从而提高项目的成功率和效率。项目绩效评价通常采用定量和定性相结合的方法，包括成本效益分析、项目进度控制、风险管理等多个方面。

绩效评价的范围因实际情况而异，根据具体需求和目的确定评价的层面和指标。无论在哪个层面，绩效评价都应该遵循客观公正、科学合理、定期更新、激励和改进的原则。

（二）绩效评价的分类

（1）按照评价对象分类：包括个人绩效评价、组织绩效评价、项目绩效评价等。个人绩效评价主要关注员工的工作表现和贡献；组织绩效评价关注整个组织的绩效水平和竞争力；项目绩效评价则主要关注特定项目的绩效表现。

（2）按照评价目的分类：包括管理目的绩效评价、发展目的绩效评价、研究目的绩效评价等。管理目的绩效评价主要用于管理决策和激励管理；发展目的绩效评价主要用于员工职业发展和提高员工素质；研究目的绩效评价主要用于研究学术问题和提高研究能力。

（3）按照评价内容分类：包括过程绩效评价和结果绩效评价。过程绩效评价主要关注工作过程中的行为和活动；结果绩效评价则关注工作产生的结果和成果。

（4）按照评价方法分类：包括定性绩效评价和定量绩效评价。定性绩效评价主要是基于经验和观察，通过描述、分析和判断等方法进行评价；定量绩效评价则主要基于数据和统计分析，通过量化指标进行评价。

（5）按照评价周期分类：包括周期性绩效评价和非周期性绩效评价。周期性绩效评价一般是按照一定时间周期进行评价，如年度绩效评价、季度绩效评价等；非周期性绩效评价则没有固定的时间周期，通常是在特定情况下进行评价。

四、高校绩效评价

高校绩效评价的思想和技术根植于新公共管理理论、利益相关者理论、委托代理理论及目标管理理论。高校绩效评价是贯彻落实国家教育法规政策的客观要求，同时也是提升大学治理能力和推进高等教育内涵式发展的重要手段。

（一）高校绩效评价的理论逻辑

"绩效对于高等教育来说具有深层次的意义，它包含了对大学正在做什么、应该做什么的新的期望。"从语言学的角度来看，高校绩效即在一定时期内高校的办学成绩和效益。"绩效"通常探讨高校的投入、产出及效率效益问题。目前对高校"产出"评价的主要指标包括教学和人才培养（教学评价、培养的人才等）、科技成果（项目、论文、专利等知识产权）、直接为社会提供的产品（服务产品、物质产品等）。对高校“投入”评价的主要指标包括财政投入、人力资源投入、其他资产投入、政策保障条件等。高校绩效评价即给予一定的评价理念，运用特定的评估指标、合理的评估标准、科学的评估方法，对一定期间内高校的职能效益进行客观的评判，是将高校发展的战略定位、目标分解、业绩评价的有效结合运用到高校的日常管理中，最终实现高等教育内涵式开展的管理活动。高校绩效评价的产生与发展，既需要社会经济发展的推动，又需要理论和思想的准备。就理论基础来看，高校绩效评价的思想和技术根植于新公共管理理论、利益相关者理论、委托代理理论及目标管理理论。

1. 新公共管理理论：回应了高校绩效评价的时代诉求

新公共管理理论的主要内容包括：实行公共政策领域的专业化管理；明确绩效标准和测量；关注投入—产出控制管理；公共部门内由聚合趋向分化，向更具竞争力的方向发展；重视私营部门管理方式；强调资源利用的强制性和节约性。本质上，新公共管理理论鼓励市场导向的管理，如注重结果和绩效、鼓励引入竞争、强调效率。随着 20 世纪 80 年代以来高等教育规模的急速扩张，公共资金在高等教育领域的投入也纳入了政府改革再造的视野，高等教育资源短缺和大众化是公共管理理论渗透到高等教育领域的直接推动力。新公共管理理论重视服务、效率、效果、质量，强调政府的角色从集权转换到分权，从服务者转换到授权者，从“划桨者”转换到“掌舵者”，从关注投入转换到关注效果。高校绩效评价的管理理念、管理方式和方法恰恰是这一理论的忠实执行者，通过绩效评价加强政府对高校的管理是新公共管理理论最直接的体现。

2. 利益相关者理论：阐释了高校绩效评价的服务面向

利益相关者理论于20世纪60年代在西方国家兴起并发展起来，这一企业管理思想旨在通过平衡利益相关者之间的利益而组织企业管理活动，促进企业管理模式的发展和优化。20世纪60年代，斯坦福研究所（SRI）将“利益相关者”定义为“没有其支持，组织就不可能生存的一些团体”。1984年，弗里曼（R.E.Freeman）出版的里程碑式的著作《战略性管理：一种利益相关者方法》，将利益相关者定义为“任何能够影响或被组织目标所影响的团体或个人”，引发了利益相关者概念的大讨论。20世纪90年代之后，利益相关者理论的影响不断扩大，成为识别和分析企业等组织行为影响的既定框架，应用于企业规划、治理、监督等领域。

高等教育领域引入利益相关者理论是高校外部环境变化以及高校类企业行为使然。高校的利益相关者包括大学的高级行政管理人员、大学教授、大学出资者、学生和政府等，高校的生存和发展有赖于对利益相关者需求回应的质量。构建利益相关者参与的多元主体高等教育质量保障机制，是高等教育质量管理的有效手段，也是高等教育由“管理”向“治理”转变的关键环节。利益相关者理论为我国高校绩效评价提供了一种方向性的指引，高校的利益相关者组织属性明确了高校绩效评价和管理的服务面向，为设计高校绩效评价体系、分析高校绩效评价主体等相关研究提供了支持。基于利益相关者的理论，高校绩效评价要回应各利益相关者的多元化需求，使社会效益最大化，这也正是政府对高校管理的目标所在。利益相关者理论为理顺高校管理的行为、责任与绩效收益的不同主体间关系提供了分析框架。

3. 委托代理理论：厘清了高校绩效评价中的主体关系

委托代理理论是20世纪30年代由美国经济学家伯利和米恩斯提出的。随着生产力的发展，专业分工不断细化，大批拥有专业知识和专业技能的人才不断涌现。同时，因为拥有权力的人不能同时兼具专业技术知识和专业技能，一批拥有专业知识和专业技能的人成为拥有权力方的代理人，他们评价个人的知识和能力，代理行使委托人的权力。当前，几乎各个领域都存在委托代理关系，委托人和代理人关系的实质即在委托过程中实现各自收益的最大化。高校既是学术共同体组织，又是国家承担高等教育职能的公共机构，还是大学学术成员和行政人员的契约连结，其内部存在委托代理关系。

因此，高校绩效评价本身即存在着一系列的委托代理关系，包括政府和高校的关系、高校和教师的关系。政府授权高校独立行使学校运行管理权力，高校接受政府监督和业绩考核；高校授权教师行使开展教学活动和进行科学研究的活动，高校教师接受高校的考核管理和评价。从委托代理理论的视角出发，开展高校绩效评价，应设计一套有效的监督激励机制，以激发高校参与绩效评价的积极性，最大限度避免评估机构和高校之间的机会主义倾向，要充分考虑委托人和代理人的矛盾及冲突，实现政府、高校和教师各自效益最大化，达到激励相容。运用委托代理理论有助于厘清高校绩效评价中各种利益主体的关系，有助于从更广阔的视角推动高校绩效评价的健康发展。

4. 目标管理理论：明确了高校绩效评价的前提条件

目标管理理论由管理大师彼得·杜拉克提出，是管理哲学在组织管理模式中的体现。目标管理理论强调把任务转变成目标，组织目标经过层层分解形成各部门的目标及部门中每个人的工作目标，进而形成组织目标体系。目标管理具有计划性和系统性等特点。在目标管理的具体实施过程中，合理确定组织整体目标、各部门及部门中工作人员的分目标起着决定性作用。各部门和各部门的每个人都可以依据设定的目标进行自我控制与指挥，实现自我管理而非上级对下级的管理与安排，通过绩效奖励强化自我目标的实现。当前，我国高等教育已经实现了大众化向普及化的跨越，多样化的社会需求要求实现高等教育分类发展和分类管理。依据目标管理理论，结合高等教育管理活动的特点，高校目标管理应该是一个动态发展变化的过程，按时间顺序可分为目标制定、目标分解、目标实施与控制、目标的评估与反馈等环节。高校要实现科学定位，突出办学特色，需要政府制定相应管理政策，在办学层面分类指导、分类管理、分类评价。

开展高校绩效评价首先需要明确高校不同的办学定位和发展方向，

不同类型高校评价标准及内容不能单一化。各高校要依据不同的发展目标，在同一个层次和类型当中，各安其位、各展所长、办出特色、争创一流，进行分类指导、促进高校合理定位。目标管理理论为开展高校绩效评价，满足政府和高校对效率和有效性的要求提供了一个崭新的视角。

（二）高校绩效评价的现实依据

自我国实施高校“211 工程”“985 工程”和“双一流”建设以来，国家和地方对高校的投入持续增加。同时，随着高等教育大众化向普及化阶段迈进，社会资金也大量流入高等教育领域。但是，高校的办学质量和效益并没有明显地提高，开展高校绩效评价，成为国家、社会以及高校自身的应然诉求。

1. 高校绩效评价是贯彻落实教育法规政策的客观要求

近年来，我国国家和地方层面都在积极倡导开展绩效管理和评价。

2019 年，科技部等 6 部门印发的《关于扩大高校和科研院所科研相关自主权的若干意见》提出高校和科研院所要明确绩效目标及指标，主管部门要按照权责利效相统一和分类评价原则，对高校和科研院所实行中长期绩效管理和评价考核，评价结果作为单位财政拨款、科技创新基地建设、领导人员考评奖励、绩效工资总量核定等的重要依据。

2020 年 10 月，中共中央、国务院印发《深化新时代教育评价改革总体方案》，要求推进高校分类评价，引导不同类型高校科学定位，办出特色和水平。

2011 年，上海在全国率先开展了区域性高校办学绩效评价的实践。高校绩效评价是中国高校评估模式的一种开创性探索，是了解和评估高校实际运行效果、实现对高等教育进行质量调控和监督的有效途径。

2. 高校绩效评价是推进高等教育高质量发展的有效途径

当前，我国高等教育发展方式已经由以数量和规模为主的“外延式扩张”转变为以质量和公平为主的“内涵式建设”。20 世纪 80 年代初，我国高等教育毛入学率为 3% 左右，即使到 20 世纪 90 年代末，也还未达到 10%，远远落后于当时 20% 的世界平均水平。经过 10 多年的发展，我国高等教育在校生数从 300 多万增长到 3000 多万，毛入学率提高到 2012 年的 30%，我国由此成为高等教育大国。2020 年，我国高等教育在学总规模达到 4183 万人，高等教育毛入学率达到 54.4%。

根据马丁·特罗高等教育大众化三阶段的理论，我国高等教育毛入学率大于 50%，标志着我国进入高等教育普及化阶段。高校担负着人才培养、科学研究、社会服务的使命和职责，伴随我国经济和教育发展水平的提高，高等教育的核心任务转到内涵发展、提升质量上来，高等教育质量、高校的投入与产出效益受到政府与社会各方面越来越多的关注。当前，高校承担的社会责任越来越多，地位也越来越重要，随着“高校问责制”的出现，高校的责任意识明显增强。但是，高校在实际运行过程中，仍然存在很多淡化责任，甚至不负责任的现象，如学生缺乏社会责任感等问题，解决这些问题是提升高等教育质量的主要任务。高校绩效评价的目的是构建一个完善的绩效评价监督体系，帮助高校改善管理、构建品牌、凝练特色、提高资源使用效率、提升办学效益和办学水平、满足社会大众对高等教育的需要和期盼。高校绩效评价作为对高校进行全面质量评估的有效手段，必将成为促进高等教育质量提升的重要推动力。

3. 高校绩效评价是提升大学治理能力和水平的重要手段

大学治理是在“大学利益主体多元化以及所有权和管理权分离的情况下，协调大学各利益相关者的相互关系，降低代理成本，提高办学效益的一系列安排”。大学治理体系现代化是学术共同体逻辑、国家逻辑、市场逻辑多向互动和融合的历史过程，是由单一逻辑主导逐步走向多元逻辑共同支配的历史过程。由于高等教育的特殊性，高校在运行过程中容易忽略市场逻辑中的成本和效率问题，如人才培养的滞后性、科学研究转化为生产力的复杂性、人才培养质量的不可测性等，导致人们难以对高校人才培养及办学活动进行成本核算，同时也很难对高校办学成效进行评价，这些对高校治理能力和水平的提升提出了挑战。在建设社会主义现代化强国的政策背景下，完善高校绩效评价机制、提升高校绩效管理水平是推进高等教育治理现代化、实现高等教育内涵式发展所必须形成的理论自觉和现实需要。

在治理视野下，大学作为非营利性组织和典型的利益相关者组织，不被任何个人和组织独立控制，而应由利益相关者共同治理，且形成有效的制衡机制。高校绩效评价的突出特点即关注高校的利益相关者不同的权力和需求，实现政府、社会、学生、家长和用人企事业单位等庞大的利益相关者的利益最大化。高校绩效评价将“投入—产出”评价引入对高校效能的评价，主要考察高等教育的投入是否得到了有效使用，是否带来了应有的产出，以及时了解资源投入与产出的效益和效率。一方面，有助于帮助学校诊断办学成效、优点和弱点，促进学校形成和强化成本意识，推动高校改善内部管理；另一方面，为政府分配教育资源、合理进行资源配置、推进高等教育改革和发展、提升高等教育质量提供依据及参考。高校绩效评价作为一种高等教育质量监督和调控的途径和手段，必定能成为提高大学治理水平的重要法宝。

第二章
“双一流”高校公共项目绩效评价现状分析

第一节　评价指标问题

当前，“双一流”高校公共项目绩效评价指标的建立已经得到了越来越多的关注和重视，各地高校和政府部门纷纷制定和完善了相关的评价指标体系，但其中也存在一些问题和挑战。

一、指标过于单一

具体来说，指标过于单一表现为以下三个方面。

1. 过于注重科研成果

科研成果是高校教师绩效评价中的重要指标，但是过于注重科研成果，而忽略教师在教学和社会服务等方面的表现和贡献，会导致教师为了追求科研成果而忽视其他方面的工作，进而影响教学和服务水平。

首先，过于注重科研成果容易忽略教学质量的重要性。教学是高校教师的首要职责，应该是教师绩效评价的重要指标之一。然而，在现实中，很多高校教师的教学质量并没有得到应有的重视，导致很多教师把更多的精力放在科研方面，而忽视了教学方面的工作。这也影响了教师在评价体系中的角色定位和社会形象。

其次，过于注重科研成果容易导致“唯SCI论文、唯高影响因子”的现象。一些高校过分追求SCI论文数量和影响因子，忽视了论文的质量和学术价值。这种现象容易引发教师之间的激烈竞争，甚至会产生不健康的竞争行为，降低学术研究的水平和质量。

最后，过于注重科研成果容易忽略教师的社会服务和实践能力。高校教师不仅要具备学术研究能力，还要具备一定的社会服务和实践能力，才能更好地服务于社会和学生。然而，在现实中，这些方面的能力评价并不充分，甚至被忽视。

因此，要建立科学合理的高校教师绩效评价指标体系，必须充分考虑教学、科研、社会服务和实践能力等多个方面的绩效评价。只有如此，才能更好地发挥高校教师的综合能力，提高教师的绩效水平，为高校建设提供有力支持。

2. 过于注重科研项目和经费

（1）过于注重科研项目。在一些高校教师绩效评价体系中，科研项目数量成为衡量教师绩效的重要指标之一，甚至成为最重要的指标。这导致一些教师将大量精力放在科研项目的申请和实施上，而忽略了教学和学生指导等方面的工作。这不仅会影响教师的教学质量和学生的学习效果，也会使教师缺乏对学科前沿和新趋势的认知和掌握，难以培养具有创新能力和实践能力的高素质人才。

（2）过于注重科研经费。在一些高校教师绩效评价体系中，科研经费使用量也成为衡量教师绩效的重要指标之一。这导致一些教师为了争取更多的科研经费，不得不投入大量的时间和精力，忽视了其他方面的工作，甚至在科研过程中存在不正当行为和违规操作的情况。此外，一些教师还会将科研经费用于个人消费或投资，损害了高校的形象和名誉。

解决这些问题的方法是在教师绩效评价体系中增加教学和学生指导等方面的指标，明确教师的教学任务和要求，并对教师的教学成果和质量进行评价。此外，还可以引导教师更加关注学科前沿和新趋势，注重理论和实践相结合，提高科研成果的质量和影响力，从而更好地服务于学科建设和人才培养。

3. 忽视教学和服务质量

教学和服务质量是教师绩效评价中同样重要的指标，但是在实际评价中往往没有被充分考虑。具体表现为以下三个方面。

（1）评价指标体系中缺乏教学和服务方面的指标。当前高校建设的教师绩效评价指标体系主要以科研成果为主，缺乏对教学和服务质量的评价指标。这导致教师在评价过程中往往只注重科研方面的工作，忽视教学和服务质量的重要性，从而影响了教师绩效评价的公正性和科学性。

（2）教学和服务质量缺乏量化评价。与科研成果相比，教学和服务质量往往难以进行量化评价。这导致教学和服务质量评价的主观性较强，评价结果往往不够客观，难以准确反映教师的绩效水平。

（3）教学和服务质量缺乏考核和激励机制。由于缺乏相应的考核和激励机制，教师在教学和服务方面的工作往往受到较少的关注和重视。这导致很多教师在工作中缺乏动力和激情，难以真正发挥其教学和服务水平的优势。

因此，为了解决教学和服务质量被忽视的问题，应当在高校建设的教师绩效评价中，增加教学和服务方面的评价指标，加强对教学和服务质量的量化评价，建立相应的考核和激励机制，以确保教师绩效评价的公正性和科学性。

二、指标缺乏标准化

目前的指标缺乏标准化，不同的项目可能会采用不同的指标体系和评价标准，在一定程度上导致了评价结果的不公正和不可比性。在"双一流"高校公共项目绩效评价中，缺乏标准化的问题主要表现在以下三个方面。

1. 指标定义不清晰

在制定指标体系时，有些指标的定义不够明确，容易产生歧义。例如，针对学科建设，指标可能包括论文数量、影响因子、论文质量等，但这些指标的定义并不清晰，可能导致评价结果的不准确。

2. 指标评价标准不一致

即使对同一指标，不同高校可能会采用不同的评价标准，缺乏标准化。例如，在评价学科建设方面，有些高校可能更注重 SCI 收录论文数量和质量，而另一些高校则更注重重大科研成果及其转化应用情况，这可能导致评价结果的不公正。

3. 缺乏可比性

不同项目之间可能会采用不同的指标体系和评价标准，导致难以进行跨项目的比较和分析，影响对“双一流”高校公共项目绩效的全面评价。

三、指标权重不够合理和公正

在一些地区和高校，指标权重的制定过程缺乏科学性和公正性，导致评价结果不够客观和公正。

（一）利益集团影响权重分配

一些利益集团可能会利用自身的资源和影响力，对权重分配进行干预，使自身利益得到最大化的保障，而对其他利益相关者的影响则不够公正和客观。

（二）缺乏科学的权重制定方法

一些项目可能会采用简单的加权平均法来分配指标权重，而没有充分考虑指标之间的相关性和互动作用，也没有考虑指标的重要程度和影响力，导致权重分配不够科学和合理。

（三）缺乏专业的权重制定人员

权重制定人员的专业素养和水平也会影响权重的分配。如果权重制定人员缺乏相关领域的专业知识和经验，那么很可能会出现权重分配偏颇或者错误的情况，从而影响绩效评价的准确性和公正性。

第二节 评价方法问题

在确定指标权重之后，需要制定相应的评价标准和方法，包括评价标准的划分和评价方法的选择。其中，评价方法的选择需要结合实际情况和数据来源进行选择。

一、方法创新的成效不够明显

虽然针对“双一流”高校公共项目的绩效评价方法在不断创新，但是其实际效果不够明显。一方面可能是因为评价方法的创新还不够全面和深入，另一方面可能是因为评价结果没有得到充分的应用和反馈。

（一）方法创新过于单一

一些高校在进行绩效评价时，可能只是单纯地采用某个新颖的评价方法，但在其他方面却没有进行创新。这就导致评价的效果并没有得到明显的提高，而只是给项目参与者带来了更多的工作量和压力。

（二）创新方法的科学性不够

有些高校在推行创新方法时，缺乏科学性和系统性，往往只是凭借个人经验和主观感觉，没有经过充分的论证和验证。这就导致创新方法的可行性和有效性得不到保证，影响了评价结果的准确性和客观性。

（三）方法创新缺乏实践检验

一些高校在采用新的评价方法时，缺乏实践检验，只是凭借理论分析和模拟情况进行推广。这就导致新方法的实际效果难以得到验证，也就难以在实践中得到广泛的应用和推广。

（四）方法创新缺乏技术支持和保障

在实际应用中，创新方法往往需要支持和保障的技术平台和工具，而一些高校在推行创新方法时，却缺乏这样的技术支持和保障。这就导致新方法的应用难度和成本增加，限制了其在实践中的推广。

（五）参与者的接受度不高

在采用创新方法时，参与者的接受度也是一个重要问题。一些高校在推行新方法时，可能没有充分考虑参与者的意见和需求，导致其对新方法的接受度不高，影响了评价结果的客观性和可信度。

二、评价方法缺乏系统性

当前针对“双一流”高校公共项目的绩效评价方法大都是单独开发的，缺乏系统性和整体性。这样不仅会导致评价指标的重复和冲突，也会使评价结果难以综合和比较。

（一）评价方法分散

当前“双一流”高校公共项目绩效评价方法分散，不同部门、学校、地区等使用的评价方法不同。这导致不同评价方法的结果难以对比，也无法形成一个系统性的评价方法。

这种分散的评价方法是由各个参与者的不同需求和利益导致的。例如，学校管理层更关注学科建设和人才培养，而政府相关部门更注重社会服务和科学研究等方面的绩效评价。这种分散的评价方法会导致评价指标的缺失和冲突，不利于整体绩效评价的开展。

为解决这个问题，需要制定一套完整的、统一的评价指标体系和评价方法，使各个参与者在评价过程中可以按照同一标准进行评价。这需要在各方面进行协调和沟通，建立起一个协同的评价体系，使各方的利益得到平衡。

另外，建立一个统一的评价体系也涉及数据的统一收集和管理，以保证评价数据的准确性和可比性。需要通过信息化手段，建立一个绩效评价的信息系统，统一管理和共享数据，便于各个参与者进行评价和分析。

在实际操作中，可以采取多种方式来解决评价方法分散的问题。例如，可以通过建立联席会议或委员会的形式，协调各方的意见和利益，统一评价指标和方法；或者可以采取专业的第三方机构，负责整体评价的规划和管理。无论采取哪种方式，都需要在各方的协作下，逐步建立一个统一的、科学的“双一流”高校公共项目绩效评价体系。

（二）评价周期不统一

当前“双一流”高校公共项目绩效评价周期不统一，有的评价周期为一年，有的评价周期为三年或更长。这导致评价结果的时效性差，也无法形成一个系统性的评价周期。

评价周期不统一是影响“双一流”高校公共项目绩效评价方法创新的一个重要问题。不同项目在实施过程中会面临不同的情况和挑战，因此需要根据实际情况制定不同的评价周期，这是评价方法的灵活性所在。但是，评价周期过长或过短都会带来问题。

评价周期过长可能导致评价结果的时效性不足，无法及时发现问题和进行改进，而评价周期过短则可能会导致评价结果的准确性和客观性受到影响，同时也会增加评价的成本和工作量。因此，需要在评价周期的选择上寻求平衡点。

此外，不同的评价周期也会影响评价结果的整体性。评价周期过短可能会导致评价结果过于片面，难以体现项目长期发展和进步的情况；评价周期过长可能会导致评价结果的局限性，无法反映项目的最新进展和变化。因此，需要根据项目的特点和发展阶段，科学地制定评价周期，保证评价结果具有整体性和准确性。

针对这个问题，可以采取以下措施：

（1）根据项目的实际情况和发展阶段，合理制定评价周期。一般来说，评价周期应当考虑项目的特点和发展需要，既要确保时效性，又要充分体现整体性。

（2）在评价周期的选择上，要综合考虑多种因素，如项目规模、复杂度、变化速度、资源投入等，制定合理的评价周期，保证评价结果的客观性和准确性。

（3）在评价周期内，需要对项目的进展情况进行跟踪和监测，及时发现问题和进行改进，确保评价结果具有时效性和有效性。

（4）针对评价周期的不同，需要采用不同的评价方法和指标体系，保证评价结果具有整体性和准确性。

（5）对于长周期的评价，可以在评价周期中适当增加中期评价和临时评价，及时了解项目的进展情况和问题，确保评价结果具有整体性和准确性。

三、评价过程中存在主观性和随意性

在“双一流”高校公共项目绩效评价过程中，主观性和随意性是一个普遍存在的问题。这是因为评价过程中涉及很多主观判断和评价标准的确定，评价人员的个人因素和评价标准的主观性会对评价结果产生影响。

（一）评价人员的主观因素

评价人员可能存在个人喜好或偏见，或者受到某些利益集团的影响，导致评价结果偏颇或不够客观。同时，评价人员的专业能力和水平也会对评价结果产生影响，如果评价人员的专业能力和水平不足，评价结果也会受到影响。

（二）评价标准的主观性

评价标准的确定需要考虑各种因素，包括项目的实际情况、目标的设定、指标的选择等，这些因素都具有一定的主观性。评价标准的主观性可能会导致评价结果不够客观和公正，也会影响评价的准确性和可信度。

第三节　数据相关问题

一、数据来源不够可靠

数据来源是评价数据质量的重要保证，如果数据来源不够可靠，那么评价结果的科学性和客观性就无从谈起。在“双一流”高校公共项目绩效评价中，数据来源涉及多个方面，包括学校内部数据、各种调查问卷数据、第三方数据等，其中有些数据来源可能不够权威和可靠，甚至可能存在造假等问题。

在实际操作中，数据来源可能存在以下问题。

1. 数据来源不全面

数据来源不全面也是评价过程中可能存在的问题。评价所需要的数据往往需要从多个来源收集，但如果数据来源不够全面，就有可能导致评价结果不够准确和全面。例如，对“双一流”高校公共项目的教学质量评价，需要考虑学生满意度、教学效果、教师评价等多个方面的数据，如果只采用其中一部分数据进行评价，就难以得出全面准确的评价结果。因此，评价过程中需要确保数据来源全面，从多个渠道收集数据，保证评价结果的准确性和全面性。

2. 数据来源不透明或不可信

评价数据的来源可能涉及多个单位和个人，但有些单位和个人可能存在不透明或不可信的情况。例如，某些单位可能存在数据造假或篡改的情况，某些个人可能存在隐瞒或误报数据的情况，这些都会影响评价结果的准确性和可信度。

二、数据采集和处理存在误差

在数据采集和处理过程中，可能会存在误差和偏差，例如数据漏采、数据录入错误、数据重复、数据处理误差等，这些误差会影响评价结果的准确性和可靠性。为了提高数据质量和可靠性，需要加强对数据采集和处理的管理和监督，严格按照规定的标准和程序操作，避免误差和偏差的产生。下面就数据采集和处理中存在的误差进行详细分析。

1. 数据漏采

数据漏采是指在数据采集过程中，某些数据未被采集或未被及时采集。这可能是由操作人员的疏忽、数据来源地缺失或其他原因导致的。如果数据漏采，评价结果就可能出现偏差，影响评价的准确性和可靠性。

2. 数据录入错误

数据录入错误也是常见的误差之一。在数据采集过程中，数据可能需要通过键盘或扫描仪录入计算机系统中。如果操作人员在录入数据时出现错误，如打错字、输错数字等，就会导致数据的准确性受到影响。

3. 数据重复

数据重复是指同一数据在采集和处理过程中出现了多次。这可能是由操作人员的疏忽或计算机系统的故障等原因导致的。如果数据重复，评价结果就可能出现偏差，影响评价的准确性和可靠性。

4. 数据处理误差

数据处理误差是指在数据处理过程中，由于算法选择不当、数据处理方法错误或计算机系统的故障等原因导致的误差。如果数据处理出现误差，评价结果就可能出现偏差，影响评价的准确性和可靠性。

以上四种误差可能导致评价结果的偏差，从而影响评价的准确性和可靠性。因此，在数据采集和处理过程中，需要加强对误差的预防和控制，提高数据的准确性和完整性。

三、数据分析和解释不够准确

在数据分析和解释过程中，可能会存在一些不够准确的问题，例如数据分析方法不科学、数据解释不清、数据分析和解释的质量受评价人员水平影响等。这些问题会影响评价结果的科学性和客观性，甚至可能导致评价结果的失真和偏颇。为了提高数据分析和解释的准确性，需要加强分析方法的科学性和可靠性，同时要注意数据的解释和说明，避免造成误解和偏差。

1. 数据分析方法不科学

评价数据分析方法的选择和使用不符合科学原则。例如，评价人员使用了不恰当的数据分析方法，存在重复计算或漏算等问题。另外，评价人员也需要关注数据的可比性，比如不同时间点和不同地区的数据是否能够进行有效的比较。

2. 数据解释不清

数据的解释比较模糊，不能正确传递评价结果。评价人员需要明确每一个指标的含义以及它对整个项目绩效评价结果的影响，以便进行合理的解释和传达。此外，评价结果的解释也需要考虑不同的受众群体，如政府部门、学校管理层、教师和学生等。

3. 数据分析和解释的质量受评价人员水平影响

评价人员的专业水平和经验对数据分析和解释的质量也有着重要的影响。评价人员的专业素养和工作经验是否能够保证数据分析和解释的准确性和可信度，是评价过程中需要考虑的问题。

第四节　评价结果的应用问题

在制定好评价指标和方法之后，需要对项目的相关数据进行收集和整理，通过数据分析和综合评价，得出项目的绩效评价结果，并进行汇报和反馈。同时，需要对评价结果进行解读和分析，提出改进意见和建议，为项目的持续发展提供有力支撑。

一、反馈机制不够完善

在“双一流”公共项目的绩效评价中，反馈机制的建立和完善对于评价结果的应用和改进具有至关重要的意义。然而，目前反馈机制存在一些问题，导致评价结果的可操作性和可持续性不足。

1. 反馈不及时

评价结果的反馈应当及时，能够及时让参与者了解评价结果并采取相应的改进措施。但是，在实际应用中，反馈机制存在反馈不及时的问题。一方面，评价过程涉及多个环节和参与者，可能会因为各种原因导致反馈延迟；另一方面，评价结果的反馈可能需要经过多个层级的批准和审核，导致反馈周期较长。

2. 反馈信息不够明确

评价结果的反馈信息应当具有明确性和可操作性，能够让参与者清晰地了解自身的绩效表现和改进方向。但是，在实际应用中，反馈机制存在反馈信息不够明确的问题。一方面，评价结果的反馈可能只是简单地告诉参与者绩效得分，缺乏具体的分析和解释；另一方面，反馈信息可能过于宽泛或者过于专业化，导致参与者难以理解和操作。

3. 反馈方式不够多样化

评价结果的反馈方式应当具有多样性，能够适应不同参与者的需求和特点。但是，在实际应用中，反馈机制存在反馈方式不够多样化的问题。一方面，反馈方式可能过于单一，只采用口头反馈或者书面反馈，无法满足不同参与者的需求；另一方面，反馈方式可能过于死板，缺乏创新和个性化，无法激发参与者的积极性和关注度。

4. 反馈结果不够全面

评价结果的反馈应当全面反映参与者的表现和贡献，能够让参与者全面了解自身的绩效和价值。但是，在实际应用中，反馈机制存在反馈结果不够全面的问题。一方面，反馈结果可能只关注某些方面的绩效表现，而忽略其他方面的表现；另一方面，反馈结果可能过于粗略，缺乏细节和深度，无法真正反映参与者的贡献和价值。

二、应用范围狭窄

“双一流”高校公共项目绩效评价应用范围狭窄，主要表现在以下两个方面。

（一）应用场景受限

1. 缺乏跨学科和跨领域的应用

“双一流”高校公共项目绩效评价往往只关注单一学科或领域，而缺乏对多学科和跨领域的绩效评价。这也就导致了评价结果的应用范围比较狭窄，难以在不同领域和学科之间进行比较和应用。这种局限性不仅影响评价结果的应用，还影响高校的学科发展和创新能力的提升。

2. 缺乏与行业和社会的对接

在“双一流”高校公共项目绩效评价中，评价结果往往只关注高校内部的管理和决策，而缺乏与行业和社会的对接。这导致了评价结果的应用范围较窄，无法为行业和社会的发展提供有力的支持和指导。同时，也难以反映出高校在社会服务和产学研合作方面的贡献和成果，影响高校的社会声誉和形象。

因此，在未来的评价工作中，应考虑评价结果在人才培养、科技创新、社会服务等方面的场景应用，增强评价结果的多样性和灵活性。

在人才培养方面，可以考虑将评价结果应用于教师教学质量的评价和优化，以及学生综合素质的评价和提升。同时，还可以通过对学生毕业后就业情况的追踪调查，对高校的人才培养质量进行评价和监测。

在科技创新方面，可以将评价结果应用于科技成果的转化和应用，以及科研成果的质量和效益评价。同时，还可以考虑评价项目在国家重大科技计划中的贡献度和影响力。

在社会服务方面，可以将评价结果应用于高校对社会的贡献和服务评价，以及对高校社会影响力的评价。此外，还可以考虑将评价结果应用于高校与社会各界的合作与交流评价，进一步提升高校在社会中的影响力和地位。

总之，评价结果的应用场景应该更加多元化，满足不同的使用需求，同时也能够促进高校与社会各界的紧密联系和合作，推动高校的可持续发展。

（二）应用对象单一

应用对象单一是指“双一流”高校公共项目绩效评价中的评价对象主要集中在高校的学科建设、科研成果等方面，而忽略了其他可能具有重要影响的因素。这种单一的应用对象限制了评价结果的全面性和科学性，同时也影响了评价结果的有效性和可信度。

首先，单一的应用对象可能导致评价结果不够全面。在实际应用中，高校的发展和影响不仅仅取决于学科建设、科研成果等方面，还受到其他因素的影响，如校园文化、学生体验、社会责任等。如果评价方法和指标体系只关注于单一的应用对象，那么评价结果就难以反映出高校的整体发展水平和特色。

其次，单一的应用对象可能导致评价结果不够科学。在评价方法和指标体系制定过程中，需要考虑评价对象的特点和需求，以确定合适的评价指标和方法。如果评价对象过于单一，评价指标和方法也会受到影响，可能导致评价结果的科学性不足。

最后，单一的应用对象可能导致评价结果的可信度不足。如果评价结果只反映了高校的局部表现，而未考虑其他可能影响高校整体发展的因素，那么评价结果的可信度就会受到影响。这也会影响高校对评价结果的接受度和使用度，从而影响评价结果的实际应用效果。

为解决应用对象单一的问题，评价方法和指标体系需要更加全面和科学。评价方法和指标体系应考虑到影响高校发展的多方面因素，从而实现评价结果的全面性和科学性。此外，在评价过程中，也需要更加注重高校的整体发展和特色，以保证评价结果的可信度和实际应用效果。

第三章
“双一流”高校公共项目绩效评价体系的构建

第一节　设计指标体系的原则与方法

“双一流”高校公共项目绩效评价体系中的指标体系是评价体系的核心之一。指标体系的确立需要考虑项目的特性和目标，同时还要考虑指标的科学性、客观性和可操作性等。因此，在确立指标体系时，需要遵循一定的原则和方法，以保证指标的有效性和可靠性。

一、指标体系设计的原则

指标体系的设计是评价体系建设的核心，它的好坏将直接影响评价结果的有效性和可靠性。下面从指标体系设计的原则入手，详细介绍设计指标体系时应该考虑的因素。

（一）科学性原则

在设计“双一流”高校公共项目绩效评价指标体系时，科学性是一个非常重要的原则。科学性指的是指标体系的构建必须遵循科学的原则和方法，确保指标的科学性和客观性。具体来说，可以从以下两个方面来详细阐述。

（1）确定指标必须基于科学研究和实践经验。评价指标的构建必须基于充分的科学研究和实践经验，不能凭空设想或主观臆断。这需要评价人员具备科学的思维和方法，通过综合考虑相关文献、调研和实践经验等因素，确定评价指标的种类和内容。

（2）指标必须具有科学性和客观性。评价指标的构建必须遵循科学的原则和方法，确保指标的科学性和客观性。指标的定义和度量必须科学、准确，能够反映出“双一流”高校公共项目的实际情况。同时，评价指标的权重必须合理，不能出现过度夸大某一指标的情况，以免影响评价结果的客观性。

（二）全面性原则

评价指标应该全面反映项目的各个方面的绩效情况，不应忽视任何一个方面的绩效表现。因此，在设计指标体系时，需要遵循全面性原则，涵盖项目的各个方面，确保指标的全面性。

全面性原则是指评价指标应当涵盖评价对象的各个方面，以确保评价结果的全面性和准确性。具体来说，评价指标应该从多个维度对评价对象进行评价，避免某些维度的缺失导致评价结果的不准确。

在“双一流”高校公共项目绩效评价体系中，全面性原则可以通过以下方式体现：

（1）考虑不同层面的指标。绩效评价指标应当覆盖项目的不同层面，包括教学、科研、社会服务等方面，以确保评价结果全面准确。

（2）包含多个方面的评价维度。评价指标应涵盖多个方面的评价维度，包括项目的质量、效率、经济效益等，以确保评价结果的全面性。

（3）确定具体指标的过程中应该考虑参与者的需求和期望，以确保评价结果能够满足不同参与者的需求和期望。

（4）在指标设计过程中，要充分考虑参与者的意见和反馈，以确保指标体系的全面性和准确性。

总之，全面性原则是评价指标设计中必须遵循的原则，只有充分考虑到评价对象的多个方面和维度，才能确保评价结果的全面性和准确性。

（三）实用性原则

评价指标应该具有实用性，能够为项目参与者提供有用的信息和指导。在“双一流”高校公共项目绩效评价体系中，实用性原则的重要性不言而喻。下面将从评价对象、评价目的、数据可得性等方面阐述实用性原则在指标体系设计中的应用。

1. 评价对象

指标体系的设计需要充分考虑评价对象的特点和需要。在“双一流”高校公共项目中，评价对象主要包括高校和学科等。对于高校而言，指标体系的设计需要考虑高校的规模、定位、办学特色等因素，以及高校在人才培养、科学研究、社会服务等方面的任务。对于学科而言，指标体系的设计需要考虑对学科的学术水平、科学研究能力、人才培养质量等方面的要求。只有充分考虑评价对象的特点和需要，才能设计出实际可行的指标体系，为评价提供有效的支持。

2. 评价目的

指标体系的设计需要明确评价目的。在“双一流”高校公共项目中，评价目的主要是促进高校和学科的发展，提高高校和学科的绩效水平，增强高校和学科的核心竞争力。指标体系的设计需要充分考虑这些评价目的，有针对性地选取和设计指标，以达到更好的评价效果。

3. 数据可得性

指标体系的设计需要考虑数据可得性。在“双一流”高校公共项目中，指标体系的数据来源涉及多个方面，如高校和学科自身提供的数据、行业部门和政府机构提供的数据等。指标体系的设计需要充分考虑数据来源的可靠性和数据的可得性，避免因数据缺失或不准确导致评价结果的不客观和不准确。

4. 指标的实际应用

指标体系的设计需要考虑指标的实际应用。在“双一流”高校公共项目中，指标体系的设计需要根据不同的应用场景，选取合适的指标和权重，提高指标体系的实际应用性。

（四）可比性原则

评价指标应该具有可比性，能够比较项目不同阶段和不同项目之间的绩效情况。因此，在设计指标体系时，需要遵循可比性原则，确保指标的统一性和标准化，避免出现不同项目采用不同指标或指标定义不一致的情况。具体来说，可比性需要考虑以下四个方面。

（1）指标定义的一致性。指标定义应当明确、准确，不同单位或时间段使用相同的指标应当具有相同的定义，以确保不同数据之间的可比性。

（2）测量单位的一致性。指标所采用的测量单位应当相同，例如在测量科研产出时，应当采用统一的计量单位，如论文数量、影响因子等。

（3）时间跨度的一致性。指标的时间跨度应当相同，以便对不同时间段的数据进行比较分析。例如，在测量科研产出时，应当采用相同的时间跨度，如年度、季度等。

（4）数据的可获取性和可比性。指标所涉及的数据应当具有可获取性和可比性，以便对不同单位、不同时间段的数据进行比较分析。例如，在测量人才培养水平时，需要考虑不同学科领域的数据可获取性和可比性。

总之，可比性原则是指标体系设计的一个重要原则，能够确保不同单位、不同时间段的数据具有可比性，从而为评价和比较提供有力支持。

（五）动态性原则

动态性原则是指标体系需要具有适应性和动态性，以应对不同时期和不同情境下的评价需求。具体来说，指标体系应该能够及时反映出项目绩效的变化和发展趋势，为管理决策提供实时的支持和参考。

在实际应用中，动态性原则体现在两个方面。

首先，指标体系需要不断地进行更新和调整，以保持与项目目标和管理需求的一致性。对于“双一流”高校公共项目而言，其目标和管理需求可能随着时间和环境的变化而发生改变，因此指标体系也需要根据实际情况进行相应的更新和调整。

其次，指标体系的更新和调整应该基于充分的数据分析和绩效评价结果。只有基于实际数据和评价结果，才能够更准确地反映出项目绩效的实际情况，为后续的决策提供更可靠的支持和参考。因此，在进行指标体系的更新和调整时，需要充分考虑数据的可靠性和数据分析的科学性，避免主观性和随意性的干扰。

总之，动态性原则是指标体系设计中一个非常重要的原则，对于保持指标体系的实用性和适应性具有重要意义。在实际应用中，需要充分考虑项目实际情况和数据分析结果，及时对指标体系进行更新和调整，以保证其与项目目标和管理需求的一致性。

（六）可操作性原则

可操作性原则是评价指标体系设计的重要原则。它强调评价指标必须能够被评价对象所理解和接受，同时也必须能够被实际操作和实施。评价指标必须是具体、明确、可操作的，以便评价对象可以针对指标展开实际行动。可操作性原则的实现需要考虑以下五个方面。

1. 指标设计必须考虑到评价对象的实际情况和操作能力

评价指标必须基于评价对象的实际情况进行设计，而不是基于理论或抽象概念。同时，评价指标的设计也必须考虑评价对象的操作能力，确保评价指标能够被评价对象实际操作。

2. 指标设计必须能够反映评价对象的核心业务

评价指标必须关注评价对象的核心业务，能够反映其业务运营的关键因素。只有这样，才能保证评价指标具有实际操作性和实用性。

3. 指标设计必须考虑到指标之间的相互作用和关联性

评价指标之间存在着相互作用和关联性，一个指标的变化可能会影响其他指标的表现。因此，指标的设计必须考虑到这种相互作用和关联性，以便评价对象能够全面、准确地理解指标之间的关系。

4. 指标设计必须能够反映评价对象的优势和劣势

评价指标必须能够反映评价对象的优势和劣势，以便评价对象能够在具体操作中重点关注其劣势方面，并加强和巩固其优势方面。

5. 指标设计必须能够被不同类型的评价对象接受

评价指标必须能够被不同类型的评价对象接受，无论是机构还是个人，都能够理解和接受这些指标。这样才能够确保指标的实际操作性和实用性。

总之，可操作性原则是评价指标体系设计的重要原则，它强调评价指标必须具有实际操作性和实用性，以便评价对象能够在具体操作中有效地使用这些指标，并取得实际效果。

（七）可信度和可靠性原则

评价指标应该具有可信度和可靠性，能够反映真实的绩效情况。因此，在设计指标体系时，需要遵循可信度和可靠性原则，选取可靠的数据来源和数据处理方法，确保指标的可信度和可靠性。可信度和可靠性原则是指标体系设计中需要考虑的重要原则之一。具体来说，指标体系设计应该保证指标数据的可信度和可靠性，从而确保评价结果的准确性和有效性。

在设计指标体系时，可信度和可靠性的考虑应该贯穿整个过程。首先，需要选择可靠的数据来源，例如官方数据、权威报告等。其次，需要对指标数据进行严格的质量控制，包括数据清洗、数据验证、数据比对等，避免数据中存在的错误和矛盾。最后，需要确保指标数据的公开透明，保证评价过程的公正性和可信度。

在实际应用中，可信度和可靠性的保证需要综合考虑多种因素，例如数据来源的权威性、数据质量的稳定性、数据更新的及时性等。同时，评价机构需要采用科学的方法和技术，确保指标数据的精准性和准确性，并及时反馈评价结果，提高评价结果的可信度和可靠性。

总之，可信度和可靠性是指标体系设计中不可或缺的原则，对于评价结果的准确性和有效性至关重要。因此，在设计指标体系时，应该充分考虑数据的来源和质量，确保评价结果的可信度和可靠性。

二、指标体系设计的方法

“双一流”高校公共项目绩效评价指标体系设计的方法需要结合科学

性、全面性、实用性、可比性、动态性、可操作性、可信度和可靠性等原则，采用以下方法进行设计。

（一）目标导向法

在指标体系设计中，首先需要确定评价的目标和意义。评价目标应该与高校的战略规划和目标相一致，同时也应该与国家和地方政府的发展战略相协调。通过目标导向法，可以确保指标体系的设计与高校的发展目标和国家的发展需求相一致。

目标导向法是指从绩效目标出发，确定评价指标，以达到衡量目标完成情况的目的。该方法主要包括以下步骤。

（1）确定绩效目标。绩效目标应当是具有可衡量性和可实现性的，同时与高校的发展战略和规划相一致，以确保指标体系的有效性。

（2）列出关键绩效指标。根据已经确定的绩效目标，列出与之相关的关键绩效指标。这些指标应当涵盖高校的各个方面，如人才培养、科学研究、社会服务等。

（3）评估和选择指标。评估列出的指标，从中选择最具代表性和权重较高的指标，以确保评价结果的客观性和准确性。

（4）确定指标权重。针对所选定的指标，根据绩效目标的重要性，确定各个指标的权重，以确保指标体系的全面性和科学性。

（5）优化指标体系。不断根据实际情况调整指标体系，以适应高校发展的变化和需求。

目标导向法的优势在于能够确保指标体系与高校发展目标相一致，并且将指标选择和指标权重确定与目标联系起来，有利于制订科学有效的绩效评价方案。同时，该方法也需要考虑指标的可操作性和可靠性，以确保评价结果的准确性和实用性。

（二）问题导向法

问题导向法是一种基于问题分析的方法，它通过分析高校存在的问题和需要解决的难题确定评价指标。这种方法可以确保指标体系的设计与高校的现实问题相契合，并且可以避免指标体系的设计过于理论化和脱离实际。

在“双一流”高校公共项目绩效评价中，问题导向法可以帮助评价者找到关键问题，明确评价目标，优化指标体系。问题导向法的具体步骤如下。

（1）明确评价目标。评价者需要明确评价的目标，例如，评价某个高校在学科建设方面的表现。

（2）梳理问题。评价者需要梳理出评价过程中可能遇到的问题，例如，如何评价该高校在不同学科的建设表现，如何考虑学科间的差异性等。

（3）寻找解决方案。评价者需要通过梳理问题，寻找解决方案来确定指标体系，例如，评价不同学科建设的表现可以通过学科排名、科研经费支出、科研成果产出等指标来衡量。

（4）确定指标体系。根据寻找解决方案的结果，评价者需要确定最终的指标体系，包括指标名称、指标定义、指标计量单位、指标权重等。

通过问题导向法设计指标体系，可以充分考虑评价过程中可能遇到的问题和难点，确保指标体系的全面性、科学性和实用性。同时，问题导向法也能够保证指标体系的灵活性和动态性，使其能够适应不同评价需求的变化。

使用问题导向法需要注意以下几点。

（1）问题的梳理需要充分考虑不同利益相关者的需求，避免忽略某些重要问题。

（2）解决方案的寻找需要建立在充分理解问题的基础上，否则可能会出现解决方案与问题不匹配的情况。

（3）指标体系的设计需要根据具体的评价目标和评价对象进行调整，不能一刀切。

综上所述，问题导向法是一种有效的指标体系设计方法，可以确保指标体系的科学性、实用性和灵活性。在“双一流”高校公共项目绩效评价中，评价者可以使用问题导向法来优化指标体系，确保评价结果能够客观全面地反映评价对象的绩效表现。

（三）参考文献法

参考文献法是指通过研究国内外相关的研究文献和案例，寻找与评价目标相关的指标。这种方法可以确保指标体系的设计具有参照性和可比性，并且可以借鉴其他高校的经验和做法。参考文献法根据已有的研究成果，结合当前研究的实际情况，参考相关文献和指标，设计出符合实际的评价指标体系。下面从参考文献的选取、分析和应用三个方面详细阐述参考文献法在“双一流”高校公共项目绩效评价指标体系设计中的应用。

1. 参考文献的选取

在“双一流”高校公共项目绩效评价指标体系设计中，参考文献的选取应该遵循以下原则。

（1）参考文献的可信度和可靠性较高。选取的参考文献应该来自高质量的期刊、书籍、政府工作报告等，确保数据的可靠性和真实性。

（2）参考文献的时效性较高。选取的参考文献应该是近年来的研究成果，以反映当前研究领域的最新发展和趋势。

（3）参考文献的相关性较高。选取的参考文献应该与“双一流”高校公共项目的性质、目标和实际情况相关，并能够对指标体系设计提供有益的参考。

（4）参考文献的数量适当。过多的参考文献可能会增加指标体系设计的复杂度和不必要的工作量，而过少的参考文献则可能会忽略某些重要的指标。

2. 参考文献的分析

选取了适当数量和相关性高的参考文献之后，需要对其进行深入的分析和比较。具体来说，分析的内容包括以下四个方面。

（1）参考文献中使用的指标。了解不同研究者在评价"双一流"高校公共项目绩效时所关注的重点和重要指标。

（2）参考文献中指标的权重。了解不同指标在评价中的重要程度和影响力。

（3）参考文献中指标的适用范围。了解不同指标在不同情境下的应用效果和限制条件。

（4）参考文献中指标的局限性和不足。了解不同指标在评价中可能存在的问题和改进的空间。

3. 参考文献的应用

在"双一流"高校公共项目绩效评价中，合理、准确地引用和运用参考文献是确保评价结果科学性和可靠性的重要手段。

（1）确定合适的参考文献。在确定参考文献时，需要根据评价的具体对象和研究方向，选择和收集合适的文献资料。这包括对相关领域的文献进行全面的搜集和分析，确保选取的文献与评价对象相关，涵盖广泛的研究范围和角度。

（2）准确引用参考文献。在引用参考文献时，需要遵守相关的引用规范，如 APA、MLA 等。正确的引用格式可以增加研究论文的可读性和可信度，并避免出现抄袭和知识产权问题。

（3）运用参考文献。对于参考文献中提出的研究方法、指标体系和评价标准等，需要进行适当的借鉴和应用，但也要结合具体情况进行调整和改进。

（4）注意参考文献的可靠性和来源。要优先选择来自权威机构、学术期刊、高水平会议论文集等可靠来源的文献。对于非学术来源的文献，如互联网上的博客、社交媒体等，需要进行仔细地筛选和评估。

（5）对参考文献进行合理的归纳和总结。对参考文献进行合理的归纳和总结是提高研究论文可读性和可信度的重要手段。通过对参考文献的综合分析和总结，可以更好地把握评价对象的研究热点和趋势，并进一步加深对于相关研究领域的认识和理解。以下是对参考文献进行合理归纳和总结的四种方法。

①统计方法。对参考文献的作者、出版年份、发表期刊等进行统计，分析其变化趋势和规律，以及相关领域的研究热点和发展方向。

②主题法。将参考文献按照研究主题进行归类和总结，分析各个主题的研究现状和趋势，为研究对象的深入探讨提供基础和框架。

③对比法。将参考文献按照研究对象的相似性或差异性进行对比和分析，找出其研究中的共性和特点，为研究对象提供参考和启示。

④评价法。对参考文献的质量和可信度进行评价，分析其在研究方法、实验设计、数据分析等方面的优缺点，对研究对象的贡献及不足之处。

通过以上四种方法，可以对参考文献进行合理的归纳和总结，深入了解相关研究领域的研究热点、趋势和贡献，为研究对象的深入探讨提供基础和框架，同时也可以提高研究论文的可读性和可信度。

（四）专家咨询法

专家咨询法是指通过向相关领域的专家征求意见和建议，确定评价指标体系的方法。这种方法主要应用于对复杂领域的评价，其优势在于能够充分利用专家的经验和知识，从而保证指标体系的科学性和实用性。专家咨询法的步骤如下。

1. 确定专家组成员

根据评价对象的特点和需求，确定专家组成员，一般来说应包括相关领域的权威专家和经验丰富的从业人员。

2. 确定专家咨询的方式

一般有面对面咨询、问卷调查等多种方式，根据实际情况选择合适的方式。

3. 交流意见和建议

通过专家咨询的方式，向专家组征求意见和建议，听取他们对于评价对象的看法和经验，并根据专家的建议对指标体系进行调整和完善。

4. 统计分析结果

对专家提供的意见和建议进行统计分析，总结专家的共识和不同观点，形成指标体系的初步框架。

5. 验证和调整

对初步框架进行验证和调整，以确保指标体系的科学性和实用性。

专家咨询法的优势在于能够充分利用专家的经验和知识，减少主观因素对指标体系的影响，从而提高指标体系的科学性和实用性。

（五）统计分析法

统计分析法是指通过对数据的统计分析，发现相关的指标和因素，从而确定评价指标。这种方法可以确保指标体系的设计具有可比性和可信度，同时可以基于数据分析确定指标的权重和重要性。

第二节 构建绩效评价指标体系

一、指标体系的构成

具体来说，该指标体系应包含以下五个方面的指标。

（一）教育教学方面的指标

“双一流”高校公共项目绩效评价中，教育教学方面是非常重要的一部分，它主要关注高校的学科建设、教学质量和师生比例等方面。下面从学科竞争力、教学质量、师生比例三个方面进行详细阐述。

1. 学科竞争力方面的指标

高校的学科竞争力是衡量高校整体实力的重要指标之一，也是评价“双一流”高校建设成效的重要方面之一。因此，在“双一流”高校公共项目绩效评价指标体系中，学科竞争力方面的指标是必不可少的。通常包括以下指标。

（1）学科综合实力指标。包括学科建设水平、科学研究能力、人才培养质量等方面，可以通过高水平学科数、SCI论文数、国家级科研项目数、获奖人数等来评价。

（2）学科国际化指标。包括学术交流、国际合作、学术影响力等方面，可以通过国际学术会议论文发表、国际学术组织成员、国际学术奖项获得等来评价。

（3）学科特色指标。包括学科特色、学科优势、学科特色人才培养等方面，可以通过学科特色建设情况、学科特色人才培养情况等来评价。

以上指标可以评价高校的学科建设水平和学科实力，为高校制定相关的发展战略提供参考。

2. 教学质量方面的指标

高校的教学质量是高校评价的重要方面之一，也是高校“双一流”建设的重要内容之一。因此，在“双一流”高校公共项目绩效评价指标体系中，教学质量方面的指标也是必不可少的。这些指标包括课程设置管理指标、教学资源管理指标、教学质量管理指标等。

3. 师生比例

师生比例是评估高校教育教学质量和办学水平的重要指标之一，体现了高校教学资源配置和利用效率。较低的师生比例通常意味着高校能够为每个学生提供更多的教学资源和个性化的指导，有利于提高学生的学习质量和成绩。因此，师生比例也是衡量高校教育教学水平的重要指标之一。

在“双一流”高校公共项目绩效评价指标体系中，师生比例通常被视为一个重要的指标。具体而言，可以通过以下两个方面来衡量师生比例。

（1）教师总数与学生总数之比。该指标反映高校教学资源的配置状况。通常来说，教师总数与学生总数之比越小，表示高校拥有更为充足的教学资源和更高的教学质量水平。

（2）教师授课工作量。该指标反映高校教师的授课情况，也可以间接反映高校教学资源的配置和利用效率。通常来说，教师授课工作量越高，表示高校对于教学质量的重视程度越高，同时也有助于提高师生之间的互动和交流。

需要注意的是，师生比例指标有其局限性，特别是在高校规模较大的情况下，师生比例很可能无法反映高校教学质量的真实水平。因此，在设计指标体系时，应该结合高校的实际情况，考虑使用多个指标来综合评价教学质量和师资力量。

（二）科研方面的指标

科研方面是“双一流”高校公共项目绩效评价中另一个重要的方面，下面从科研经费投入、论文数量和质量、科研团队建设三个方面来探讨科研方面的指标。

1. 科研经费投入

科研经费是支持高校科研工作的关键因素之一。因此，科研经费投入是衡量高校科研水平的重要指标之一。科研经费投入指标包括经费总额、经费支出比例、经费使用效益等。

经费总额是衡量科研经费规模的重要指标，反映高校科研投入的总量。经费支出比例是指科研经费在高校总预算中的比例，它反映了高校对科研的重视程度。经费使用效益是指科研经费的使用效果，反映科研经费的使用效率。

2. 论文数量和质量

高校的论文数量和质量也是衡量高校科研水平的重要指标之一。论文数量和质量可以从以下五个方面评价。

（1）发表论文数量。反映高校的科研生产能力。

（2）论文被引用次数。反映论文的学术影响力。

（3）SCI/SSCI 论文数量。反映高校的国际化水平。

（4）高水平论文数量。反映高校的科研水平。

（5）论文质量评价。反映论文的学术质量。

3. 科研团队建设

科研团队建设也是衡量高校科研水平的重要指标之一。科研团队建设可以从以下四个方面评价。

（1）团队规模。反映团队的科研生产能力。

（2）团队结构。反映团队的科研能力和学术水平。

（3）团队成员素质。反映团队的学术素质和团队协作能力。

（4）团队科研成果。反映团队的科研水平和科研能力。

通过对这些科研方面指标的评价，可以更好地了解高校在科研方面的发展情况和水平，从而为高校发展提供更为精准的建议。同时，在指标的选择和设计过程中，也需要充分考虑指标的科学性、全面性、可比性、可操作性和可信度等原则，确保指标体系的合理性和有效性。

（三）社会服务方面的指标

社会服务是高校的重要职责，“双一流”高校公共项目的评价体系也需要考虑高校在社会服务方面的表现。因此，在指标体系的构成中应该考虑以下内容。

1. 社会服务项目的数量

这是评价高校在社会服务方面表现的一个重要指标。社会服务项目数量的增加反映了高校在社会服务方面的积极性和主动性，也体现了高校服务社会的能力和水平。

2. 社会影响力

除了社会服务项目数量，高校的社会影响力也是一个重要的指标。高校的社会影响力包括其在社会各界的认知度、影响力、公信力等方面的表现。高校的社会影响力越大，就越能够在社会服务方面发挥更大的作用。

3. 社会服务质量

除了社会服务项目数量和社会影响力，高校在社会服务方面的服务质量也是一个重要的指标。社会服务质量包括服务内容的专业性、服务态度的友好性、服务效果的显著性等。高校在社会服务方面的服务质量越高，就越能够受到社会各界的认可和赞誉。

4. 社会服务的创新性

高校在社会服务方面的创新能力也是一个重要指标。高校在社会服务方面的创新性包括服务模式的创新、服务内容的创新、服务对象的创新等。高校在社会服务方面的创新能力越强，就越能够满足社会各界的需求和期望。

5. 社会服务成果

高校在社会服务方面的成果也是一个重要指标。社会服务成果包括服务产生的经济效益、社会效益和环境效益等。高校在社会服务方面的成果越显著，就越能够证明其在社会服务方面的能力和水平。

在具体的评价过程中，评价人员可以通过对高校社会服务项目的调研、对社会服务质量的评估、对社会服务成果的分析等方式，综合考虑高校在社会服务方面的表现，从而给出相应的评价结果和建议。同时，指标体系的构建也需要考虑指标之间的关联性和权重分配的合理性，确保评价结果的科学性和可信度。

（四）国际化方面的指标

国际化是现代高等教育发展的趋势之一，因此在“双一流”高校公共项目绩效评价中也需要考虑国际化的因素。下面将从国际学生比例、国际交流合作等方面介绍国际化方面的指标。

1. 国际学生比例

国际学生比例是衡量高校国际化程度的重要指标之一。该指标可以反映高校在国际教育领域的影响力和吸引力，同时也可以通过该指标对高校的国际化发展战略进行评估。在“双一流”高校公共项目绩效评价中，可以通过国际学生比例的增减来衡量高校的国际化程度是否得到了提升。

2. 国际交流合作

国际交流合作是衡量高校国际化程度的另一个重要指标。该指标可以反映高校在国际教育领域的合作伙伴数量和合作质量，也可以反映高校在实施国际化发展战略方面的成效。在“双一流”高校公共项目绩效评价中，可以通过国际交流合作的开展情况来评估高校在国际化方面的发展水平。

3. 学科国际化程度

除了以上两个方面的指标，学科国际化程度也是评价高校国际化程度的一个重要指标。该指标可以反映高校在学科领域的国际化程度和学科竞争力。在“双一流”高校公共项目绩效评价中，可以通过学科的国际化程度来评估高校在国际化方面的发展水平。

总之，国际化是现代高等教育发展的趋势之一，在“双一流”高校公共项目绩效评价中，需要充分考虑国际化的因素。通过国际学生比例、国际交流合作、学科国际化程度方面的指标来衡量高校的国际化程度，从而提供更为精准的发展建议。同时，在指标的选择和设计过程中，也需要充分考虑指标的科学性和可信度，以确保评价结果的科学性和可信度。

（五）绩效管理方面的指标

绩效管理是指为了提高绩效而实施的管理活动，其目的是通过明确目标、制订计划、执行措施、监督评估、反馈改进等环节，推动绩效的不断提升。在“双一流”高校公共项目绩效评价中，绩效管理指标是重要的评价内容之一，涉及评价结果的应用和执行阶段。

1. 标准制定指标

绩效管理的核心在于制定科学的标准，并将标准贯穿于整个绩效管理过程中。在“双一流”高校公共项目绩效评价中，需要制定一系列科学合理的标准，如评价标准、考核标准、奖惩标准等，以确保评价结果的科学性和公正性。标准制定的指标包括：

（1）标准的科学性和合理性，即标准的制定应基于理论依据和实际情况，不断优化和完善。

（2）标准的透明性和公正性，即标准应该能够被参与者理解和认可，不存在利益之争和不公正因素。

（3）标准的可操作性和可行性，即标准应该易于操作和实现，并且不会对参与者造成不必要的负担。

2. 奖励机制指标

奖励机制是推动绩效提高的重要手段，能够激励参与者积极参与评价工作，提高绩效水平。在“双一流”高校公共项目绩效评价中，需要建立一套科学合理的奖励机制，以激发参与者的工作热情和创造力。奖励机制指标包括：

（1）奖励的公正性和透明性，即奖励应该基于客观的评价结果，不受其他因素的影响。

（2）奖励的及时性和有效性，即奖励应该及时到位，并且能够真正激发参与者的工作积极性。

（3）奖励的多样性和灵活性，即奖励应该能够满足不同参与者的需求和特点，具有一定的灵活性和可塑性。

3. 绩效反馈指标

绩效反馈是绩效管理过程中的重要环节，通过及时反馈评价结果和改进建议，能够激励参与者改进工作，提高绩效水平。因此，在“双一流”高校公共项目绩效评价中，也需要考虑设计相应的绩效反馈指标，以确保评价结果能够得到充分的应用和改进。

以下是一些可能涉及的绩效反馈指标：

（1）反馈时限。评价结果应在合理的时间范围内进行反馈，以便参与者能够及时了解评价结果和改进建议。

（2）反馈内容。反馈内容应准确明确、翔实具体，让参与者能够清晰地了解自身的绩效表现和存在的问题。

（3）反馈方式。反馈方式应多样化，可以采用口头反馈、书面反馈、会议汇报等多种方式，以满足不同参与者的需求。

（4）绩效奖惩机制。在绩效反馈过程中，可以考虑制定相应的绩效奖惩机制，以激励参与者积极改进工作，提高绩效表现。

（5）反馈频率。评价结果的反馈应该是一个持续性的过程，需要定期进行，以便参与者能够跟踪自身绩效的变化趋势。

（6）反馈对象。反馈对象应该涵盖所有参与评价的相关方，包括高校领导、教师、学生等，确保所有相关方都能够获得及时、准确的反馈信息。

通过设计合理的绩效反馈指标，可以实现评价结果的科学性和可信度，并为参与者提供更加准确、全面的绩效反馈信息，从而提高绩效评价的实效性和可持续性。

以上指标涵盖了高校发展的方方面面，可以全面反映高校的综合实力和绩效水平，同时也具有可操作性，方便对高校进行绩效评价和管理。在制定指标体系时，需要考虑各个指标之间的关联性和权重，以确保评价结果的科学性和可靠性。同时，也需要不断更新和完善指标体系，以适应高校发展的新要求和新趋势。

二、构建绩效评价指标体系的步骤

“双一流”高校公共项目绩效评价指标体系的构建，需要遵循一定的过程，主要包括以下步骤。

（一）明确评价目标和任务

评价目标是确定评价的最终目的，即对“双一流”高校公共项目的绩效进行全面客观的评价，为高校科研、教学、社会服务等方面的发展提供支撑和指导。评价任务则是针对评价目标，明确具体的评价内容和范围，包括对哪些方面进行评价，使用什么方法进行评价等。

在构建“双一流”高校公共项目绩效评价指标体系之前，需要先明确评价的目标和任务。明确评价目标和任务有助于确定评价指标的范围和重点，确保评价的针对性和有效性。

在确定评价目标和任务时，可以参考国家和地方对高等教育的发展战略和政策，以及高校自身的发展定位和目标。例如，对于一所本科高校而言，其评价目标可能包括提高教学质量、提高科研水平、加强社会服务等方面，评价任务可能包括学科建设、师资队伍建设、科研成果转化等方面。

在确定评价目标和任务时，还需要考虑评价的受众群体及其需求。不同的受众群体对于评价的重点和关注点可能有所不同，需要在评价目标和任务中予以考虑。例如，对于高校内部的管理和决策人员而言，评价目标和任务可能更侧重于教学质量和师资队伍建设；对于学生和家长而言，评价目标和任务可能更侧重于就业竞争力和社会声誉。

总之，在确定评价目标和任务时，需要考虑多方面的因素，并根据不同的评价需求和受众群体来确定评价的方向和内容，为构建评价指标体系奠定基础。

（二）确定评价标准

评价标准是评价指标的衡量依据，是评价体系构建的核心部分。在确定评价标准时，需要充分考虑“双一流”高校公共项目的特点和要求，遵循科学性、全面性、实用性、可比性、动态性、可操作性、可信度和可靠性等原则，确保评价结果的科学性和可信度。确定评价标准是构建评价指标体系的重要步骤，其目的在于确保评价过程的科学性、公正性和可比性。下面详细阐述如何确定评价标准。

1. 研究评价对象的性质和特征

评价标准的确定应该以评价对象的性质和特征为基础，对于“双一流”高校公共项目绩效评价来说，应该从高校的办学目标、发展定位、学科领域等方面来考虑。通过对评价对象进行深入分析，可以为后续的指标选择提供重要的依据。

2. 研究评价对象的国内外发展趋势

评价标准的确定还应该考虑到评价对象所在领域的国内外发展趋势，以此为依据，制定相应的标准。例如，在高等教育领域，可以参考国际教育发展趋势，制定相应的教学质量标准和教育教学改革标准。

3. 制定评价标准的范畴和分类

评价标准应该按照不同的范畴和分类进行制定，以便于后续指标的选择和分配。例如，对于高校教学管理方面的评价标准，可以按教学质量管理、课程设计和师资队伍管理等方面进行分类。

（三）选择评价指标

评价指标是评价标准的具体体现，是对“双一流”高校公共项目绩效进行具体衡量的依据。在选择评价指标时，需要考虑指标的科学性、全面性、实用性、可比性、动态性、可操作性、可信度和可靠性等原则，同时充分考虑高校的特点和需求，确保评价指标的有效性和适用性。选择评价指标需要考虑多个因素，包括评价目标、评价对象、数据可获得性、可操作性、可靠性、有效性等。以下是选择评价指标的具体内容。

1. 与评价目标相关

评价指标需要与评价目标相关联，以确保评价的有效性和精确性。评价目标需要在评价开始前确定，以便选择合适的指标。

2. 与评价对象相关

不同的评价对象需要选择不同的评价指标。对高校的评价，可能需要选择学科建设、科研水平、教学质量等指标。

3. 数据可获得性

评价指标需要基于可获得的数据，以确保评价的可行性和实用性。因此，在选择评价指标时，需要考虑数据来源、数据质量和数据的可靠性等因素。

4. 可操作性

评价指标需要能够直接或间接的影响评价对象的行为。因此，在选择评价指标时，需要考虑评价对象是否能够通过行动改善指标值。

5. 可靠性

评价指标需要是可靠的，即能够提供准确的信息。评价指标的可靠性取决于数据来源、数据质量、数据分析方法等多个因素。

6. 有效性

评价指标需要能够准确反映评价对象的实际情况，以确保评价的有效性和精确性。评价指标的有效性取决于评价对象的实际情况、评价方法和评价目标等因素。

在选择评价指标时，需要充分考虑以上因素，并综合考虑各方面因素，选择最合适的评价指标，以确保评价的科学性和可信度。

（四）建立评价指标体系

在确定评价指标后，需要对评价指标进行分类和组合，建立评价指标体系。评价指标体系应该具有层次性和逻辑性，能够全面反映“双一流”高校公共项目的各方面绩效，并且具有一定的可操作性和可比性，以便进行后续的评价工作。

首先，指标体系应该具有层次性。评价指标应该分层次设计，即将整个评价指标体系划分为若干个层次，从总体目标逐步分解到具体的评价指标，构建出评价指标体系的逻辑结构。层次性设计有利于对评价指标进行分类、整合、对比和总结，能够更好地把握评价对象的各个方面的特点，便于进行科学、全面、客观的评价。

其次，指标体系应该具有逻辑性。评价指标应该具有内在的逻辑关系和相互联系，即评价指标之间应该存在一定的相关性，评价指标应该能够互相协调、互相补充，构建出一个有机、完整、科学的评价指标体系。逻辑性设计有利于评价指标之间的相互作用和协调，能够更好地反映评价对象的综合状况，提高评价结果的可信度和可操作性。

在建立指标体系时，还需要根据评价对象的特点，结合相关文献和专家意见，选择合适的评价指标，并对指标进行细化和具体化。同时，还需要注意指标的科学性、可操作性、可比性、动态性等，以确保评价指标体系的科学性和实用性。最后，应该对指标进行权重分配和计算方法的确定，以得出科学、客观、准确的评价结果。

三、制订评价方案

制订评价方案是指在建立评价指标体系的基础上，进一步制定评价方法和流程，以确保评价的科学性和客观性。评价方案的制订需要考虑以下四个方面。

（一）评价方法的选择

评价方法是指用于收集和分析评价数据的方法，包括问卷调查、实地观察、访谈等。在选择评价方法时，需要考虑到评价目标和任务、评价对象、可行性和成本等因素，以确保评价方法的科学性和实用性。

（二）评价流程的设计

评价流程是指评价过程中各个环节的安排和组织方式。评价流程的设计需要考虑评价对象的特点和需要，以确保评价流程的顺畅和高效。

（三）评价人员的选拔和培训

评价人员的选拔和培训是评价工作的重要环节，评价人员需要具备专业知识和技能，并具有客观公正的态度和判断力。在选拔和培训评价人员时，需要考虑到评价对象的特点和需要，以确保评价人员的能力和素质。

（四）评价结果的反馈和支持

评价结果的反馈和支持是评价工作的重要环节，评价结果需要及时反馈给评价对象，并提供具体的改进建议和支持措施，以激励评价对象改进工作，提高绩效水平。

在制订评价方案时，需要充分考虑上述方面的因素，以确保评价工作的科学性和客观性。同时，也需要不断优化和改进评价方案，以适应不同阶段和场景的评价需求。

第三节 建立评价数据采集和分析系统

建立评价数据采集和分析系统是“双一流”高校公共项目绩效评价体系的关键环节之一。通过建立系统化的数据采集和分析过程，能够更好地收集、分析和解读评价数据，提高评价结果的科学性和可信度，为决策者提供更为准确的参考依据。

一、评价数据采集系统的建立

评价数据采集系统是指建立一套用于收集、存储和处理评价数据的系统，以确保数据的准确性和完整性。在建立评价数据采集系统时，需要考虑以下方面。

（一）明确数据要求

评价指标是评价体系中的核心元素，因此需要在指标体系确定后，对各个指标进行分解，明确每个指标所需的数据要求。这些数据要求包括数据类型、数据来源、数据格式、数据频次等。在确定数据要求时，需要充分考虑数据的完整性、准确性、时效性等方面，以确保数据的质量。

（二）数据采集

1. 明确数据来源

在设计数据采集流程时，需要明确数据来源。数据来源包括内部数据和外部数据。内部数据包括学校内部的各种数据，如学生信息、教师信息、科研项目信息等；外部数据包括政府数据、行业数据、社会调查数据等。明确数据来源可以确保数据来源的可靠性和准确性。

2. 选择数据采集方式

数据采集方式应该根据数据类型和来源的不同而定。例如，可以采用自动化数据采集工具或者人工采集的方式，或者采用两者的结合。其中，数据采集工具可以选择成熟的数据采集软件或自主开发的数据采集系统，以实现数据的自动化采集。同时，需要根据指标要求建立相应的数据采集模板，以确保数据的准确性和完整性。在选择数据采集方式时，需要考虑数据采集的效率和准确性，以及数据来源的多样性和复杂性。

3. 建立数据质量控制机制

数据质量控制机制是确保数据质量的重要手段。数据采集时，需要建立数据质量控制机制，包括数据的验证、审核和审批等环节，以确保数据的准确性和完整性。

（三）确定数据管理和存储方案

数据管理和存储方案包括数据处理、存储和备份等。为了确保数据的可靠性和完整性，需要建立相应的数据管理和存储标准，并采用可靠的数据备份和恢复措施。在确定数据管理和存储方案时，需要考虑以下六个方面的内容。

（1）数据库类型和结构设计。需要确定数据库的类型和结构设计，包括如何组织数据表、字段及索引，以便于数据的存储、检索和处理。

（2）数据的规范化。需要对数据进行规范化处理，包括数据的格式、单位、精度等方面的标准化，以保证数据的准确性和可比性。

（3）数据安全和保密性。需要考虑数据的安全和保密性，确定数据的访问权限、加密和备份等措施，防止数据泄露和损坏。

（4）数据备份和恢复。需要建立数据备份和恢复机制，确保数据的完整性和可恢复性。

（5）数据的可持续性和可扩展性。需要考虑数据的可持续性和可扩展性，即如何确保数据的长期保存和扩展，以满足评价需求的变化和扩展。

（6）数据共享和开放性。需要考虑数据的共享和开放性，以促进数据的共享和交流，及评价体系的透明度和公正性。

在确定数据管理和存储方案时，需要充分考虑评价指标的特点和评价需求，结合具体的评价任务和环境，制订相应的数据管理和存储方案。同时，需要考虑评价数据采集和分析系统的可操作性和可维护性，以保证数据的及时性和质量。

（四）建立数据共享和安全机制

建立数据共享和安全机制是保障数据安全性和有效利用数据的重要手段，尤其是在涉及高校的核心数据时更加重要。以下是“双一流”高校公共项目建立数据共享和安全机制的五个关键方面。

（1）确定数据共享的原则和条件。在建立数据共享机制之前，需要明确数据共享的原则和条件，例如哪些数据可以共享、共享的目的和范围、共享数据的权限和责任等。这些原则和条件需要经过充分的讨论和协商，以确保数据共享的安全和合法性。

（2）建立数据安全保障机制。为了保障数据安全，需要建立完善的数据安全保障机制，包括数据备份和恢复机制、数据加密和访问控制机制、网络安全和防护机制等。这些机制需要经过不断地优化和改进，以适应不断变化的数据安全需求。

（3）确定数据共享的方式和渠道。在建立数据共享机制时，需要考虑数据共享的方式和渠道，例如采用数据共享平台或数据交换协议等方式，或者采用直接共享或共享授权等方式。这些方式和渠道需要考虑到数据共享的安全和便捷性。

（4）建立数据使用和追溯机制。在共享数据时，需要建立数据使用和追溯机制，以保障数据的合法使用和防止数据滥用。这些机制包括数据使用授权和审批、数据使用记录和追溯等，需要对数据使用情况进行监控和管理。

（5）加强数据管理和监督：在数据共享和安全机制建立后，需要加强对数据的管理和监督，包括对数据的收集、处理、存储和使用等方面进行管理和监督。这些工作需要建立专门的数据管理和监督机构，并加强对数据管理人员的培训和监督。

以上是建立评价数据采集系统的关键方面。在实际应用过程中，还需要不断完善和改进评价数据采集系统，以适应不断变化的评价需求和技术环境。

二、评价数据分析系统的建立

“双一流”高校公共项目绩效评价数据分析系统的建立是评价工作的重要环节。通过对采集到的评价数据进行分析和挖掘，可以更加准确地评价高校的绩效水平和发展情况，并为高校的发展提供科学依据。下面从数据分析系统的构建和数据分析方法两个方面来详细探讨。

（一）数据分析系统的构建

1. 数据预处理

数据预处理是数据分析的关键步骤之一，它是指在进行数据分析前对数据进行清洗、整理和转换等操作，以提高数据的质量和可用性。数据预处理主要包括以下六个方面的内容。

（1）数据清洗。数据清洗是指对数据中存在的错误、缺失、异常值等进行处理，以减少对分析结果的干扰。数据清洗的具体操作包括填补缺失值、删除异常值等。

（2）数据整理。数据整理是指对数据进行格式化和整合，以提高数据的可用性。数据整理的具体操作包括数据格式转换、数据合并、数据重构等。

（3）数据转换。数据转换是指对数据进行转换和变换，以便后续的分析和应用。数据转换的具体操作包括数据归一化、数据离散化、数据编码等。

（4）数据集成。数据集成是指将不同来源的数据进行整合，以获得更为全面和准确的数据。数据集成的具体操作包括数据源选择、数据清洗、数据整合等。

（5）数据降维。数据降维是指通过特定的方法将高维数据转化为低维数据，以减少数据冗余和复杂性。数据降维的具体操作包括主成分分析、因子分析等。

（6）数据标准化。数据标准化是指将不同的数据进行统一和标准化，以便比较和分析。数据标准化的具体操作包括 Z-score 标准化、min-max 标准化等。

在进行数据预处理时，需要根据具体情况选择合适的方法和工具，以确保数据的质量和可用性。同时，在数据预处理过程中，需要保证数据的安全性和机密性，防止数据泄露和滥用。

2. 数据挖掘和分析

数据挖掘和分析是对采集到的数据进行处理和分析，发掘数据中的模式和规律，揭示数据背后的价值信息的过程。在“双一流”高校公共项目绩效评价中，数据挖掘和分析是评价过程中不可或缺的环节，能够帮助高校更好地了解自身的绩效表现和存在的问题，提供改进建议和优化措施。

数据挖掘和分析的具体步骤包括：

（1）数据转换。包括数据变量的选择、转换和重构，以便后续的数据分析和挖掘。

（2）特征提取和选择。将数据转化为可用于建模和分析的特征，通过特征选择方法选出对绩效评价最具有区分度的特征。

（3）数据建模。选择合适的数据建模方法，建立预测模型或分类模型，探索绩效评价的影响因素。

（4）模型评估。对模型进行评估，确定模型的准确性、稳定性和可靠性，选择最优的模型。

（5）模型应用。将模型应用于高校绩效评价，得出绩效评价结果，分析并提出改进建议。

3. 数据可视化

数据可视化是将数据以图形、表格等形式呈现，以便理解和分析的过程。在高校绩效评价中，数据可视化可以帮助决策者更好地理解和分析评价结果，从而提出更为有效的改进建议。常用的数据可视化方法包括折线图、柱状图、饼图、散点图、地图等。

在数据可视化的过程中，需要考虑以下因素：

（1）目标受众。不同的受众需要不同的可视化方式。例如，对于高校内部决策者，可以使用更为详细和复杂的图表，而对于外部受众，则需要更为简洁和易懂的图表。

（2）数据类型。不同类型的数据需要不同的可视化方式。例如，数量型数据可以使用折线图、柱状图等方式呈现，而分类型数据可以使用饼图、堆叠柱状图等方式呈现。

（3）图表设计。图表的设计需要考虑到美观性和易读性。需要选择合适的颜色、字体等，同时需要确保图表的标题、标签、刻度等清晰明了。

（4）交互性。交互式可视化可以增加用户参与度。例如，可以使用交互式地图呈现高校在不同地区的表现，并允许用户通过地图缩放和鼠标悬浮等方式获取更多细节信息。

通过数据可视化，可以更好地理解和分析高校的绩效评价结果，为决策者提供更为有效的参考信息。

（二）数据分析方法

1. 统计分析

统计分析是数据分析的一种基础方法，可以对数据进行描述性统计、推断性统计等。在高校绩效评价中，常用的统计分析方法包括描述性统计、方差分析、回归分析等。通过统计分析，可以分析高校在不同绩效指标上的表现情况，探讨不同因素对高校绩效水平的影响等。

2. 机器学习

机器学习是一种利用计算机算法和模型来自动分析和学习数据的方法，可以帮助高校识别数据中的模式和规律。在高校绩效评价中，常用的机器学习方法包括聚类分析、分类分析、决策树等。通过机器学习，可以挖掘高校绩效评价数据中的隐藏信息，发现影响高校绩效的关键因素，进而提高高校的绩效水平。

3. 数据挖掘

数据挖掘是一种利用计算机技术对大量数据进行自动发现和分析的过程，可以帮助高校快速发现数据中的规律和趋势。在高校绩效评价中，常用的数据挖掘方法包括关联规则挖掘、聚类分析、分类分析等。通过数据挖掘，可以挖掘高校绩效评价数据中的潜在信息，发现影响高校绩效的因素，提高高校的绩效水平。

4. 文本挖掘

文本挖掘是一种利用计算机技术对文本进行自动发现和分析的过程，可以帮助高校快速发现文本中的关键信息和模式。在高校绩效评价中，常用的文本挖掘方法包括主题分析、情感分析等。通过文本挖掘，可以分析高校的评价报告、学术论文等文本数据，发现高校绩效评价中的潜在问题和机会，提高高校的绩效水平。

5. 网络分析

网络分析是一种分析网络结构和关系的方法，可以帮助高校分析网络关系对高校绩效的影响。在高校绩效评价中，常用的网络分析方法包括社交网络分析、网络拓扑分析等。通过网络分析，可以分析高校内部和外部网络结构和关系，发现影响高校绩效的关键因素，提高高校的绩效水平。

综上所述，数据分析方法的选择需要根据具体的研究问题和数据类型来确定，综合运用多种方法可以更全面地分析高校的绩效水平和影响因素，提高绩效评价的科学性和可信度。

第四节　绩效评价

一、绩效协同评价

绩效协同评价是一种基于多方利益相关者共同参与的评价方法，旨在通过不同利益相关者的意见和建议，共同评价项目绩效，形成全面、客观、公正的评价结果。这种方法可以充分调动各方的积极性和主动性，从而更好地实现项目绩效的管理和提升。例如，可以将绩效协同评价应用于“双一流”高校公共项目中，邀请学校管理层、师生代表、社会公众等多方利益相关者参与，共同评价项目的绩效，提出建议和改进建议，促进项目的持续发展和进步。以下是“双一流”高校公共项目绩效协同评价的要点。

（一）确定评价指标和标准

需要确定适合该项目的评价指标和标准，以便对项目绩效进行量化和评价。评价指标和标准应当考虑到项目的具体特点和目标，既要充分反映项目的成果和效益，又要考虑各参与方的利益和需求。

1. 参考行业标准和实践

可以参考行业标准和实践，了解相应行业的评价指标和标准。通过对行业标准和实践的研究，可以更好地确定适合该项目的指标和标准。

2. 考虑不同参与方的利益和需求

在确定评价指标和标准时，需要考虑各参与方的利益和需求，以达到共同的目标和效益。例如，对于政府和社会公众而言，项目的社会效益和环境效益也是需要考虑的因素。

3. 确定指标和标准的可量化和可比性

在确定评价指标和标准时，需要考虑指标和标准的可量化和可比性，以便对项目绩效进行量化和比较。例如，可以使用具体的数值来表示成本、时间、质量等指标，以便进行比较和评价。

4. 考虑评价指标和标准的动态性和变化性

在项目执行过程中，评价指标和标准可能会随着项目的进展情况发生变化。因此，在确定评价指标和标准时，需要考虑其动态性和变化性，并及时对其进行调整和改进。

综上所述，确定评价指标和标准是“双一流”高校公共项目绩效评价和监控的关键步骤之一。在确定评价指标和标准时，需要考虑项目的具体特点和目标，以及各参与方的利益和需求，以达到共同的目标和效益。

（二）确定评价周期和频率

在建立绩效评价机制时，需要确定评价周期和频率，以便及时了解项目绩效的情况。评价周期和频率应当根据项目的特点和进展情况进行调整，以确保评价的及时性和准确性。

（三）明确参与方职责和权利

在建立绩效评价机制时，需要明确各参与方的职责和权利，以及相互之间的关系。参与方职责和权利的明确可以避免产生冲突和误解，促进各方之间的协作和合作。

（四）绩效评价数据共享

需要建立数据共享机制，以便各参与方共享绩效评价数据。从数据共享的优势、数据共享的流程两个方面来探讨绩效评价数据共享的相关内容。

1. 数据共享的优势

（1）数据准确性。在多个参与方共享数据的情况下，可以避免数据的重复录入和错误，从而提高数据的准确性。如果数据源单一，其准确性就不可避免地会受到局限。

（2）数据全面性。通过数据共享，可以获得更多的数据和信息，使评价更全面。在多方共同参与的情况下，可以收集到不同层面和不同角度的数据，以满足绩效评价的全面性和综合性。

（3）评价标准一致性。通过数据共享，可以确保各参与方遵守相同的评价标准，从而提高评价的一致性和可比性。当各参与方采用不同的标准来进行数据采集和分析时，会影响绩效评价的可靠性和有效性。

（4）避免重复劳动。数据共享还可以避免重复的数据采集和处理工作，节省时间和资源，提高工作效率。在项目执行过程中，数据的采集和处理需要耗费大量的时间和精力，数据共享可以减少重复劳动，以达到更好的效率和效益。

（5）决策支持。通过共享数据，各参与方可以更好地了解项目绩效的情况，以便做出更准确和科学的决策。共享数据可以为绩效评价提供更丰富、更全面的信息，帮助各参与方做出更加明智的决策，以更好地达到项目的目标和效益。

2. 数据共享的流程

（1）数据采集和处理。在项目执行过程中，各参与方需要采集和处理各自的数据，以便进行评价和分析。

（2）数据标准化和清洗。在数据共享之前，需要对数据进行标准化和清洗，以确保数据的准确性和可靠性。例如，可以对数据进行去重、去杂、格式化等处理，以消除数据中的冗余和错误，提高数据的质量和可用性。

（3）数据共享方式选择。数据共享的方式有很多种，例如可以采用数据交换、数据传输、数据存储等方式进行数据共享。需要根据项目的具体需求和参与方的条件来选择最适合的数据共享方式。

（4）数据共享协议制定。在进行数据共享前，需要制定数据共享协议，明确各参与方的权利和义务，以及数据的保护和安全措施等。数据共享协议应该具有可操作性和可执行性，以确保数据的合法性和可靠性。

（5）数据安全措施实施。在数据共享过程中，需要采取相应的数据安全措施，以确保数据的安全性和保密性。例如可以采用加密技术、数据隔离等措施来确保数据的安全性和保密性。

（6）数据管理和维护。数据共享不是一次性的过程，还需要对数据进行管理和维护，以确保数据的及时更新和有效性。例如可以定期对数据进行审核和更新，以及对数据共享的效果进行评估和反馈。

（五）建立沟通机制

建立沟通机制是“双一流”高校公共项目绩效评价和监控的重要方面之一。在项目执行过程中，各参与方之间需要保持良好的沟通和协作，以便及时发现和解决问题，协调各方之间的利益和需求，促进项目绩效的提高。

1. 建立沟通机制的重要性

（1）及时发现和解决问题。在项目执行过程中，各参与方可能会出现各种问题和难题，建立沟通机制可以及时发现和解决这些问题，避免问题的扩大和影响。

（2）协调各方之间的利益和需求。在项目执行过程中，各参与方之间的利益和需求可能会存在矛盾和冲突，建立沟通机制可以协调各方之间的利益和需求，以达到共同的目标和效益。

（3）促进项目绩效的提高。通过沟通机制，各参与方可以共同探讨项目的问题和挑战，分享经验和成果，以促进项目绩效的提高和优化。

2. 沟通机制的建立和实施步骤

（1）确定沟通方式和频率。在项目执行过程中，需要确定沟通的方式和频率，例如可以采用会议、电话、邮件等方式进行沟通，以便及时发现和解决问题。

（2）确定沟通对象和责任人。需要确定沟通的对象和责任人，以便在沟通过程中明确各方之间的职责和权利。

（3）建立沟通渠道和平台。需要建立沟通的渠道和平台，例如可以建立专门的沟通群或论坛，以便各参与方进行信息交流和共享。

（4）建立沟通记录和档案。需要建立沟通记录和档案，以便记录沟通过程中的问题和解决方案，以及各方之间的沟通和协调情况。

（5）定期评估和优化沟通机制。需要定期对沟通机制进行评估和优化，以确保沟通机制的有效性和可持续性。

3. 沟通机制优化的方向和建议

（1）定期评估和反馈。定期评估和反馈沟通机制的效果和问题，以便及时发现和解决问题，并不断改进和优化沟通机制。

（2）加强信息共享和交流。加强各方之间的信息共享和交流，以便更好地了解项目的情况和进展，并及时发现和解决问题。

（3）提高沟通效率和准确性。提高沟通效率和准确性，例如可以采用快速反应、实时通信等技术手段，以便在沟通过程中更加高效和准确。

（4）建立沟通桥梁和联络员。建立沟通桥梁和联络员，以便更好地协调各方之间的沟通和协作。

（5）建立共同语言和信任机制。建立共同的语言和信任机制，以便更好地理解各方之间的需求和利益，并达成共识和协议。

另外，沟通机制的优化和改进需要不断地进行，以确保其有效性和可持续性。

（六）制订绩效改进计划

在评价过程中，需要根据评价结果制订绩效改进计划，以便各参与方共同努力改进项目绩效。绩效改进计划应当考虑各参与方的建议和意见，以达到共同的目标和效益。制订绩效改进计划是“双一流”高校公共项目绩效评价和监控的重要方面之一。在项目执行过程中，绩效改进计划可以帮助各参与方更好地理解项目的问题和挑战，并提出相应的解决方案，以促进项目绩效的提高和优化。

1. 制订绩效改进计划的重要性

（1）发现和解决问题。通过制订绩效改进计划，可以更好地发现和解决项目执行过程中的问题和挑战，避免问题的扩大和影响。

（2）优化项目绩效。通过制订绩效改进计划，可以针对项目的问题和瓶颈，提出相应的解决方案，以优化项目的绩效和效益。

（3）提高项目执行效率。通过制订绩效改进计划，可以更好地规划和管理项目执行过程，以提高项目执行效率和质量。

2. 制订绩效改进计划的步骤

（1）分析和评估项目绩效。需要对项目的绩效进行分析和评估，以了解项目的问题和瓶颈，并为制订改进计划提供依据和方向。

（2）确定改进目标和策略。需要确定改进的目标和策略，以便制订具体的改进计划和措施。

（3）制订改进计划和措施。需要制订具体的改进计划和措施，例如可以制定流程优化、资源整合、人员培训等方案，以解决项目的问题和瓶颈。

（4）确定改进计划的实施方式和时间。需要确定改进计划的实施方式和时间，例如可以制定详细的计划表和工作流程，以便对改进计划进行监控和跟踪。

（5）分配责任和任务。需要对改进计划的责任和任务进行分配，明确各参与方之间的职责和权利。

3. 绩效改进计划的实施和监控

制订绩效改进计划后，需要实施和监控，以确保改进计划的有效性和可持续性。绩效改进计划实施和监控是基于受托责任的“双一流”高校公共项目绩效评价和监控的重要方面之一。

（1）绩效改进计划实施和监控的重要性。一是保证改进计划的有效性，通过实施和监控，可以及时发现和解决实施过程中的问题和难题，保证改进计划的有效性。二是确保改进计划的可持续性，通过实施和监控，可以对改进计划进行持续跟踪和评估，以确保改进计划的可持续性和稳定性。三是提高项目执行效率，通过实施和监控，可以规范和优化项目执行过程，提高项目执行效率和质量。

（2）绩效改进计划实施和监控的步骤。第一步，确定实施和监控的责任人和任务，需要对实施和监控的责任人和任务进行分配，明确各参与方之间的职责和权利。第二步，制订实施和监控计划和工作流程，需要制订具体的实施和监控计划和工作流程，明确实施和监控的方式和时间。第三步，实施改进计划，按照计划表和工作流程，对改进计划予以实施，并及时发现和解决问题、难题。第四步，监控改进计划的进展和效果，对改进计划的进展和效果进行监控和评估，及时调整和优化改进计划。第五步，分析和总结改进计划的成效，对改进计划的成效进行分析和总结，为后续项目的改进计划提供参考和借鉴。

综上所述，“双一流”高校公共项目绩效协同评价需要各参与方之间进行有效的协作和沟通，建立共同的评价机制和数据共享机制，制订绩效改进计划，以实现共同的目标和效益。

二、高校教师绩效评价的角色转变

“双一流”高校建设需要一流师资队伍的支撑，一流师资队伍的建设要以绩效评价为杠杆。教师绩效评价体系关联教师工作评价与学校管理，承担着促进教师发展和监督教师工作的两大职能。但在管理实践中，绩效评价对教师的监督作用有余而促发展作用不足，其中主要原因是绩效评价在学校管理和教师工作中的错位和角色迷失。在一流师资队伍的建设过程中，绩效评价充分发挥杠杆作用要依靠其角色由“监控器”向“助推器”转变，绩效评价体系的作用重心要由教师管理过渡到教师发展，绩效评价制度要由教师的外部激励转化为教师寻求自身发展的内在动力。

（一）高校教师绩效评价存在的问题

1. 绩效评价在教师工作和学校管理中的中间角色

对于高校管理层而言，教师绩效评价体系是学校对教师进行考核管理的手段之一，是对教师在某一段时间之内工作结果的终结性展示。教师在教学、科研等方面的成果由考核结果统一呈现，而绩效考核为学校对教师进行晋升、奖惩等提供评判标准和可比较的结果。此时，绩效评价是教师工作与学校管理间的“联结工具”，是单向指向性的，具有监控和考核的功能。

将绩效评价体系简单地视为教师工作与学校管理之间的联结工具是绩效评价的主要角色和次要角色错位的表现。绩效评价是把教师的工作成果进行粗略物质化的过程，评价结果忽视了教师在学生发展、思维训练以及学校建设等工作中所做出的价值上不能够被物质化的贡献。此时绩效评价的角色实质是学校对教师工作产出进行简单计量的工具，通过计量工具得到直观的评价结果并将此结果直接作为学校对教师进行评价的参照指标。学校将教师在教学、科研和社会服务中的成果和贡献进行等值的物质反馈，并将这种物质反馈视为所谓的激励。这种结果导向的教师绩效管理体系体现的是实用主义价值取向的功利性管理模式，它重在结果，而缺乏对教师职业发展的关注和支持。

因此，教师在仅作为“联结工具”的绩效评价之下存在发展内在动力不足的状况。绩效评价体系对于高校管理而言，是对教师进行管理和奖惩的工具；对教师而言，绩效评价是学校对其进行监督和考核的手段；对于高校和教师群体两者之间的关系而言，绩效评价体系是“自上而下”的管理工具和联结工具。

2. 绩效评价在教师群体中的角色

在教师绩效评价的体系中，指标的构成多按照教师所承担的教学、科研和社会服务的基本职能为依据，并以此来评定甚至代表教师在一定时间之内的工作贡献。其中教师的教学工作量包括教学时长、指导学生的数量等，科研产出包括文章数量、科研经费等。但目前的教师绩效评价多侧重在易于量化和可比较的“绩”，而忽视难以量化和衡量的“效”。重“绩”而不重“效”的评价体系过于强调教师工作的实用性与功利性，使教师在短期现实利益和目标的驱使下，围绕评估指标而展开工作，很难承担起个体应有的社会责任和职业道德。在强调量化结果的考核体系中，大学教师很难找到进行科研创新的内生动力，尤其是进行原始性创新的内生动力。

对于教师群体而言，绩效评价体系是学校为便于管理而展开的考核体系，是对教师进行“他评”的工具，教师是被动接受评价的考核对象。这种情形极大地损害了教师参与绩效评价的积极性和主动性，从而教师对绩效评价缺乏认同感，无法达到通过绩效考核促进教师职业发展的制度目标。绩效评价无法发挥其杠杆作用，撬动教师发展的自主性，教师自身缺乏促进发展的内在动力和活力，则无法从根本上推动“双一流”高校的建设进程。

3. 绩效评价在学校管理中的角色

绩效评价具有双重功能，即依据绩效评价结果对教师进行奖惩并以此促进教师发展。现行的强调量化指标的评价体系确实有其合理之处，即其简化性、高效性以及客观性。学校对教师进行工资评定、职位晋升和奖惩时，多以对教师绩效的评价为标准。绩效评价是教师日常工作的"监督工具"。目前大部分高校在进行绩效评价时普遍存在对教师使用统一的评估标准的问题，没有按照教师类型、学科和职业生涯阶段对教师进行分类管理和评估。

绩效评价忽视学术职业的特性，缺乏对教师职业发展的关注和反馈。绩效评价体系多体现出其功利性，强调高校对教师一定时期内工作结果的"监督"，却没有基于评价结果给予教师相应的反馈和工作提升的建议。高校对于绩效评价的误用导致绩效评价体系的功能偏差，使绩效评价过度发挥奖惩作用而忽视了其对于教师发展的促进作用。在一流师资队伍的建设过程中，应引导教师绩效评价体系在发挥监督作用的同时能够对教师的职业发展起到促进作用，即教师绩效评价体系在学校管理中需要完成由"监督工具"到"督促工具"的角色转变，是绩效评价充分发挥其双重作用的关键。

（二）高校教师绩效评价的新角色

为了充分发挥高校教师绩效评价的作用，其在推进教师发展过程中的角色应做如下转变。

1. 绩效评价在教师工作和学校管理中的中间角色转变

教师绩效评价体系既是学校对教师进行绩效评价的手段，也是学校促进教师发展的管理方式。绩效考核的结果在为教师的晋升、奖惩等提供评判标准的同时，也应为教师发展和职业规划提供参照，使绩效评价体系在学校的科学运用下激发教师工作的热情、活力和动力，从而在监控和考核功能之外，深度发挥其导向、引领和督促作用。绩效评价双重作用的发挥依赖于其在教师工作和学校管理中新的中间角色，即“联动工具”。

在“双一流”背景之下的一流师资队伍建设中，绩效评价体系在教师工作和学校管理中的中间角色要由“联结工具”向“联动工具”转变，使教师工作、绩效评价与学校管理三者之间互为动力，形成不可分割的、由各自运转带动彼此运转的完整体系。当绩效评价在教师工作和学校管理中间完成“单向指向性”到“多向指向性”的转变时，其在教师的教学、科研工作与学校管理之间就建构起相互引领的桥梁，两者互为彼此的指导和参照。此时，学校所采取的是体现人本主义而非功利主义的管理方式。绩效评价由“联结工具”到“联动工具”的角色转变，意味着绩效评价手段由绩效考核向绩效管理的转变，更是管理手段向管理智慧的进阶。绩效评价所承担的核心任务，不仅在于对过去工作结果的评定，还更多地着眼于给予教师未来的专业发展以指导。

对于高校而言，在教师管理中要重新定位绩效评价在学校管理中的角色，即由“监督”教师工作的评价工具转变为“督促”教师发展的管理工具，进而使教师能在学校管理中找到归属感，加强教师与管理者之间的沟通。绩效评价制度能够发挥其应有的效能需要制度的有效执行，而有效执行的前提是制度主体对制度本身的认同和接受。因此促进绩效评价由绩效考核向绩效管理转变需要以教师发展为出发点，推动教师绩效评价体系在执行过程中的角色转变，使绩效评价不但服务于高校的办学目标，而且要利于教师的职业发展。

2. 绩效评价在教师群体中的角色转变

当前绩效评价的现状“普遍是‘政府主管、学校主导、部门组织、院系实施’的模式，教师处于被动的被评价地位”，要更好地发挥绩效评价的杠杆作用，就要促成教师绩效评价体系在教师工作中的角色转变：从学校主导的到教师完成的、以学校管理为中心的评价手段转变为教师主动参与的、利于学校管理的、以教师主体为中心的评价手段，即促进教师绩效评价体系由自上而下的“他评工具”转变成自下而上的“自评工具”。

“双一流”高校建设对师资队伍提出了更高的要求，强调绩效评价对一流师资队伍建设的作用，即以绩效评价为杠杆，推动教师发展和一流师资队伍的建设。要在实践中达到绩效评价发挥杠杆作用的制度目标，就要以绩效评价为支点，使学校管理能够撬动教师发展的自主性和积极性。

教师绩效评价体系由评价教师的“他评工具”转变为“自评工具”，能够发挥教师群体在绩效评价中的积极性，提高教师对于绩效评价的认可度和接受度。对于教师自身而言，外在的政策设计和制度激励只是促进教师发展的必要而非充分条件，唯有教师内在的动力才是促进教师发展的充分且必要条件。两者都是高校教师发展的动力来源，相辅相成，不可或缺。教师绩效评价体系的角色转变利于绩效评价向绩效管理转变，利于从关注教师评价向关注教师发展转变。

3. 绩效评价在学校管理中的角色转变

教师绩效管理是一种需要发挥教师主体作用且全员参与的过程，因此，高校教师绩效管理必须加强管理者与教师的沟通。

管理者要充分了解教师职业发展的需求并且充分尊重教师工作的特性，克服绩效评价实践中重“绩”而不重“效”的弊端，改善过度强调可量化性而忽视学术成果本身学术价值的评价指标，消解教师对绩效评价的抵触情绪，引导教师将绩效评价看作对周期性工作的科学化、指标化的评价。绩效评价从教师工作的“监督工具”转变为教师发展的“督促工具”，进而成为大学教师进行学术工作的内在动力的来源。

以绩效评价为管理手段不仅是学校用来评价教师工作的程序化工具，还是使教师工作满意度增加的过程；不仅要对教师进行监控和评估，还要强调教师在绩效管理中的主体角色。教师绩效评价体系在学校管理中进行角色转变要尊重教师在绩效评价中的主体性地位。绩效评价的结果要及时反馈，评价的结果既是对教师上一周期工作的总结评定，又为教师下一周期工作的开展提供参照。学校管理层和教师群体要合理利用评价结果，发挥其对下一阶段工作开展的导向作用，使教师绩效评价体系在作为高校管理“监督工具”的同时成为高校教师发展的“督促工具”。

高校教师绩效评价体系作为教师发展的外部标准，在很大程度上能够对教师发展起到导向性作用。将绩效评价转化成促进教师发展的内在动力，其前提是教师自身首先要对外在的激励有所认同、理解、接受和赞同，进而才能对教师从事的教学和学术研究工作发挥促进作用。绩效评价体系由“监督工具”到“督促工具”的转变过程，要使教师提高自身对绩效评价的认可度，将评价激励的外在动力转化为自身发展的内在动力。

第四章
“双一流”高校公共项目绩效评价的改进

第一节 强化受托责任机制

“双一流”高校公共项目绩效评价强化受托责任机制是指在公共项目的执行和绩效评价过程中，对项目参与方的受托责任进行强化和监控，以确保项目的执行和绩效评价符合相关要求和标准。该机制的实施，有助于实现提高公共项目执行效率、优化资源配置、提高绩效质量、防范风险和保障社会公正等方面的目标。

一、明确各方责任和权利

在公共项目的执行和绩效评价过程中，需要明确各参与方的责任和权利，以确保各方之间的职责分工清晰、权利相当。这样做有助于避免项目执行过程中的权责不清、责任推卸等问题。在公共项目的执行和绩效评价过程中，明确各方责任和权利是非常重要的。

（一）项目负责人

项目负责人是公共项目执行和绩效评价的核心人员，需要对整个项目的执行负责。项目负责人需要具备强大的领导力和管理能力，负责协调和管理项目参与方之间的合作，确保项目实施的有效性和高效性。

1. 项目负责人的职责

（1）组织项目的实施和绩效评价工作。项目负责人需要制订项目实施和绩效评价的总体计划，并对计划的执行和结果进行监督和评估，以确保项目执行的有效性和绩效评价的准确性。

（2）制订项目计划和预算。项目负责人需要根据项目的需求和目标，制订项目的计划和预算，确保项目的资源和预算的充分利用。

（3）管理项目资源和人力。项目负责人需要对项目所需的资源和人力进行管理和调配，以确保项目的实施和绩效评价的高效完成。

（4）协调项目参与方之间的合作。项目负责人需要协调和管理项目参与方之间的合作和协作，确保项目的整体性和协调性。

（5）对项目执行情况进行监督和评估。项目负责人需要对项目的执行情况进行监督和评估，及时发现和解决问题，以确保项目执行的有效性和绩效评价的高质量。

2. 项目负责人的权利

（1）提出项目决策。作为项目执行的核心人员，项目负责人有权对项目决策进行提出和决策，以确保项目的整体目标和方向。

（2）指导和协调项目管理和执行工作。项目负责人有权对项目管理和执行工作进行指导和协调，确保项目的顺利实施和绩效评价的准确性。

（3）分配项目资源和人力。项目负责人有权对项目所需的资源和人力进行分配和调配，以确保项目执行和绩效评价的高效完成。

（4）制定项目管理规定和流程。项目负责人有权制定项目管理规定和流程，以规范项目的执行和绩效评价的流程和标准。

（二）项目管理团队

项目管理团队是项目负责人的直接下属，负责项目的具体管理和执行工作。项目管理团队需要具备丰富的项目管理经验和专业知识，协助项目负责人对项目的执行和绩效评价进行管理和控制。

1. 项目管理团队的职责

（1）制订和执行项目计划。项目管理团队需要根据项目的需求和目标，制订和执行项目的计划，确保项目的执行和绩效评价的高效完成。

（2）监督和管理项目进度和成本。项目管理团队需要对项目的进度和成本进行监督和管理，及时发现和解决问题，确保项目的进度和成本的控制和优化。

（3）协调项目执行团队的工作。项目管理团队需要协调和管理项目执行团队的工作，确保项目的整体性和协调性。

（4）负责项目风险管理和控制。项目管理团队需要对项目的风险进行识别和管理，制定相应的风险控制策略，确保项目的风险控制和管理的有效性和高质量。

2. 项目管理团队的权利

（1）对项目进度、成本、风险等进行监督和管理。项目管理团队有权对项目的进度、成本、风险等进行监督和管理，确保项目的执行和绩效评价的有效性和准确性。

（2）提出项目决策。作为项目执行的关键人员之一，项目管理团队有权提出项目决策和建议，协助项目负责人进行决策和管理。

（3）制定项目管理规定和流程。项目管理团队有权制定和执行项目管理规定和流程，以规范项目的执行和绩效评价的流程和标准。

（三）项目执行团队

项目执行团队是项目的主要执行者，负责项目的实施和具体工作。项目执行团队需要具备相应的技术和操作能力，能够按照项目的要求和计划，高效地完成各项任务。

1. 项目执行团队的职责

（1）按照项目计划和任务要求完成工作。项目执行团队需要按照项目计划和任务要求，高效地完成各项任务。

（2）保证项目质量和效率。项目执行团队需要保证项目的质量和效率，确保项目执行的高质量和高效率。

（3）协调项目管理团队和其他相关方的工作。项目执行团队需要与项目管理团队和其他相关方进行协调和合作，确保项目的整体性和协调性。

（4）对项目执行情况进行记录和报告。项目执行团队需要对项目执行情况进行记录和报告，及时发现和解决问题，确保项目执行的有效性和高质量。

2. 项目执行团队的权利

（1）提出项目执行方案和建议。项目执行团队有权根据项目要求和实际情况，提出项目执行方案和建议，协助项目管理团队进行项目管理和控制。

（2）参与项目决策。项目执行团队有权参与项目决策，就项目执行的实际情况和要求提出建议。

（3）提出项目改进建议。项目执行团队在项目执行过程中发现问题和瓶颈时有权提出相应的改进建议，以优化项目的执行和绩效评价。

（四）绩效评价团队

绩效评价团队是项目绩效评价的核心人员，负责对项目的绩效进行评价和分析。绩效评价团队需要具备相关的专业知识和技能，能够对项目的绩效进行科学、准确、全面的评价。

1. 绩效评价团队的职责

（1）制订项目绩效评价方案。绩效评价团队需要制定项目绩效评价方案，明确评价指标和标准，确保评价的科学性和准确性。

（2）收集和分析项目数据。绩效评价团队需要收集和分析项目的相关数据，对项目的绩效进行分析和评价，提出改进建议。

（3）制定绩效评价报告。绩效评价团队需要制定绩效评价报告，向项目参与方和相关方提供绩效评价结果和改进建议。

（4）监督和评估项目的绩效改进。绩效评价团队需要对项目的绩效改进进行监督和评估，确保改进计划的有效性和可持续性。

2. 绩效评价团队的权利

（1）提出绩效评价建议和改进方案。绩效评价团队有权根据项目的绩效评价结果，提出相应的改进建议和绩效评价方案。

（2）参与项目决策。绩效评价团队有权参与项目决策，就项目绩效评价的实际情况和要求提出建议和决策。向项目参与方和相关方提供绩效评价结果和建议。绩效评价团队有权向项目参与方和相关方提供绩效评价结果和建议，促进项目绩效的改进和提高。

（五）其他相关部门和人员

在项目执行和绩效评价过程中，还涉及其他相关部门和人员，如监督机构、咨询顾问、专家评审组等。这些部门和人员根据项目的实际情况和要求，参与项目的执行和绩效评价，提供相应的建议和支持。

以上是“双一流”高校公共项目的组织结构及各部门和人员的职责和权利，通过明确各方的责任和权利，可以协调各方之间的利益和需求，确保项目的执行的高效性和绩效评价的高质量性。

二、实行绩效奖惩制度

在公共项目的执行和绩效评价过程中，需要实行绩效奖惩制度，对执行过程中表现优秀的参与方给予奖励，对执行过程中表现不佳的参与方给予惩罚。这样做有助于促进参与方的积极性和创造性，提高绩效质量。

“双一流”高校公共项目的参与方包括政府部门、项目管理团队、项目执行团队、绩效评价团队等，每个参与方在项目执行和绩效评价中都扮演着不同的角色。因此，建立合理的绩效奖惩制度，对各参与方的绩效进行合理评价和奖惩，可以有效提高项目的执行的质量和效率。

（一）绩效奖惩制度设计的原则

1. 公平性原则

绩效奖惩制度的设计应该具有公平性，对所有参与方实行一视同仁的原则。在制定绩效奖惩制度时，应该公平、透明、公开地评估每个参与方的绩效，避免任何一方受到不公正的待遇。

2. 激励性原则

绩效奖惩制度应该具有激励性，能够有效激励参与方的积极性和创造性，促进项目的高效执行。在设计绩效奖惩制度时，应该设置合理的奖励和处罚措施，根据参与方的绩效表现，给予相应的奖励或处罚。

3. 可操作性原则

绩效奖惩制度应该具有可操作性，能够实际操作、执行和监督。在设计绩效奖惩制度时，应该考虑参与方的实际情况和能力，设计符合实际的奖惩措施，并设立明确的执行和监督机制。

4. 目标导向原则

绩效奖惩制度应该具有目标导向性，与项目的目标和绩效评价指标相一致。在设计绩效奖惩制度时，应该根据项目的目标和绩效评价指标，确定相应的奖惩措施，以实现项目目标和提高绩效。

（二）绩效奖惩制度的具体设计

1. 政府部门的奖惩制度

政府部门作为“双一流”高校公共项目的主要责任方，其绩效评价和奖惩制度应该重点考虑项目的目标和效益。具体而言，政府部门可以根据以下三个方面进行绩效评价和奖惩。

（1）项目目标的奖励和处罚。政府部门可以根据项目的实际完成情况进行奖励和处罚。例如，当项目完成情况优秀时，政府部门可以给予额外的奖励，如财政资金、项目荣誉等；而当项目完成情况不理想时，政府部门可以对项目负责人或相关责任人进行处罚，如责令改正、停止资助等。

（2）绩效评价的奖励和处罚。政府部门可以对参与方的绩效进行评价，根据绩效表现给予相应的奖励和处罚。例如，对于绩效表现优秀的参与方，政府部门可以给予额外的奖励，如经费支持、技术支持等；而对于绩效表现不佳的参与方，政府部门可以要求其进行改进或限制其参与其他项目。

（3）项目效益的奖励和处罚。政府部门可以根据项目的实际效益情况，对参与方进行奖励和处罚。例如，当项目的实际效益达到预期或超过预期时，政府部门可以给予额外的奖励；而当项目的实际效益未达到预期或无效时，政府部门可以对项目负责人或相关责任人进行处罚。

2. 项目管理团队的奖惩制度

项目管理团队是项目执行的核心团队，其绩效评价和奖惩制度应该重点考虑项目的进度、质量和成本等方面。

（1）项目进度的奖励和处罚。项目管理团队需要对项目的进度进行监督和控制，及时发现和解决问题，确保项目的按期完成。因此，在绩效评价和奖惩方面，可以根据项目的进度情况对其进行奖励和处罚。例如，当项目进度符合或超过预期时，可以给予项目管理团队额外的奖励；而当项目进度延误或无法按期完成时，项目管理团队需要承担相应的责任，并接受相应的处罚。

（2）项目质量的奖励和处罚。项目管理团队需要确保项目的质量符合预期要求。当项目的质量符合或超过预期要求时，可以给予项目管理团队额外的奖励；而当项目的质量不符合预期要求或出现质量问题时，项目管理团队需要承担相应的责任，并接受相应的处罚。

（3）项目成本的奖励和处罚。项目管理团队需要确保项目的成本控制在预算范围内。当项目的成本控制在预算范围内时，可以给予项目管理团队额外的奖励；而当项目成本超出预算或无法控制时，项目管理团队需要承担相应的责任，并接受相应的处罚。

3. 项目执行团队的奖惩制度

项目执行团队是项目执行的关键团队，其绩效评价和奖惩制度应该重点考虑项目的执行效果和执行质量。

（1）项目执行效果的奖励和处罚。项目执行团队需要确保项目的执行效果符合预期要求。当项目的执行效果符合或超过预期要求时，可以给予项目执行团队额外的奖励；而当项目的执行效果不符合预期或出现执行问题时，项目执行团队需要承担相应的责任，并接受相应的处罚。

（2）项目执行质量的奖励和处罚。项目执行团队需要确保项目的执行质量符合预期要求。当项目的执行质量符合或超过预期要求时，可以给予项目执行团队额外的奖励；而当项目的执行质量不符合预期要求或出现质量问题时，项目执行团队需要承担相应的责任，并接受相应的处罚。

4. 绩效评价团队的奖惩制度

绩效评价团队需要对项目的绩效进行评价和监控，其绩效评价和奖惩制度应该重点考虑项目评价的准确性和可信度。

（1）绩效评价准确性的奖励和处罚。绩效评价团队需要确保绩效评价的准确性。当绩效评价结果准确或接近实际情况时，可以给予绩效评价团队额外的奖励；而当绩效评价结果不准确或出现评价问题时，绩效评价团队需要承担相应的责任，并接受相应的处罚。

（2）绩效评价可信度的奖励和处罚。绩效评价团队需要确保绩效评价的可信度和公正性。当绩效评价结果可信或符合公正原则时，可以给予绩效评价团队额外的奖励；而当绩效评价结果不可信或出现评价问题时，绩效评价团队需要承担相应的责任，并接受相应的处罚。

（3）绩效评价报告的奖励和处罚。绩效评价团队需要及时提交符合要求的绩效评价报告。当绩效评价报告提交及时或符合规定要求时，可以给予绩效评价团队额外的奖励；而当绩效评价报告提交延误或不符合规定要求时，绩效评价团队需要承担相应的责任，并接受相应的处罚。

总的来说，通过建立绩效评价和奖惩制度，可以激励参与方积极参与项目的执行和绩效评价，同时能够促进项目绩效的提高。在制定绩效评价和奖惩制度的过程中，需要考虑各参与方的利益和需求，建立公正、透明、可操作的奖惩机制，确保其有效性和可持续性。

三、建立监督机制

建立监督机制是保证“双一流”高校公共项目能够按时按质完成的重要保障。监督机制应该包括监督体系、监督措施、监督标准等方面，以确保各参与方履行受托责任，全面落实项目目标。

（一）监督体系

监督体系包括监督部门、监督人员、监督程序三个方面。建立监督体系是保证监督工作的科学性和规范性的前提。

1. 监督部门

建立项目监督部门，负责全面监督项目的执行情况和绩效评价，及时发现问题并协调解决。监督部门可以由政府监管机构、独立的第三方机构或委员会等组成。

2. 监督人员

监督人员应该具有相关的专业知识和经验，并且应该独立于项目执行团队。监督人员可以由监管机构、独立第三方机构或委员会中的人组成。

3. 监督程序

监督程序应该规范、透明、可操作，包括监督内容、监督方法、监督频次等方面。监督程序应该涵盖项目执行的全过程，并对重要环节重点监督。

（二）监督措施

监督措施是实施监督机制的具体手段，包括现场监督、监督检查、风险预警。监督措施应该是可操作、科学和有效的。

1. 现场监督

现场监督是指在项目执行现场对项目进展情况进行实时监督，及时发现问题并提出建议和意见。现场监督可以采用巡查、抽样检查等方式进行。

2. 监督检查

监督检查是指通过对项目数据和资料进行检查和审核，发现问题并要求项目管理团队进行整改。监督检查可以采用随机抽查、定期检查等方式进行。

3. 风险预警

风险预警是指在项目执行过程中，对可能出现的风险进行预警，及时采取措施避免或减少风险的发生。风险预警可以采用监测、预测、警示等方式进行。

（三）监督标准

监督标准是衡量项目执行和绩效评价的依据，包括监督指标、监督标准和监督评价。监督标准应该是科学、严格和可操作的。

1. 监督指标

监督指标是衡量项目执行情况和绩效评价的依据，应该具有科学性和可操作性。监督指标可以包括项目进度、项目成本、项目质量、项目安全等方面的指标。

2. 监督标准

监督标准是指对监督指标进行量化和标准化，以便进行监督和评价。监督标准应该根据项目的实际情况制定，并且应该严格执行。

3. 监督评价

监督评价是指对项目执行和绩效评价进行综合评价，以发现问题并提出建议和意见。监督评价应该客观、公正、准确，同时应该根据实际情况进行分析和评价。

（四）监督机制的优化

监督机制应该不断优化和完善，以保证其有效性和可持续性。在优化监督机制的过程中，可以采用以下四个方法。

1. 信息化手段

利用信息化手段，对项目执行情况和绩效评价进行实时监控和预警，以提高监督的效率和精度。

2. 独立第三方机构

引入独立的第三方机构进行监督，提高监督的公正性和权威性。

3. 多元化监督方式

采用多元化的监督方式，包括现场监督、监督检查、风险预警等多种方式，以确保监督全面、精准、有效。

4. 及时反馈

对监督结果进行及时反馈，对发现的问题进行跟踪和处理，以保证问题得到及时解决。

总的来说，建立监督机制是保证“双一流”高校公共项目能够按时按质完成的重要保障。监督机制应该包括监督体系、监督措施和监督标准等方面，同时需要不断优化和完善。通过建立有效的监督机制，可以促进各参与方履行受托责任，确保项目的顺利进行和目标的实现。

（五）监督机制的实施

建立监督机制是必要的，但只有实施才能发挥其作用。监督机制的实施应该遵循以下原则。

1. 全员参与

所有参与方都应该参与监督机制的实施，包括项目管理团队、项目执行团队、绩效评价团队、监督部门等。只有全员参与，才能确保监督机制的有效性和可持续性。

2. 规范执行

监督机制的实施应该严格执行，遵循监督程序和监督标准。监督人员应该依法依规地进行监督，不得以私人恩怨或其他非正当因素影响监督行为。

3. 及时反馈

监督机制应该及时反馈监督结果和问题，以便项目管理团队及时进行整改。同时，监督机制应该及时反馈监督部门，以便监督部门对问题进行跟踪和处理。

4. 支持保障

监督机制需要得到相关部门和领导的支持和保障，包括预算、人员配备、技术支持等方面。只有得到充分的支持和保障，监督机制才能发挥其作用。

第二节 充分发挥社会参与作用

社会参与是指社会各界对公共项目的建设、管理、监督等方面的积极参与。在“双一流”高校公共项目中，社会参与具有非常重要的意义，可以促进项目的顺利实施和绩效水平的提高。

一、社会参与的意义

（一）提高项目的质量和效益

“双一流”高校公共项目需要高质量、高效益的实施，通过社会参与，可以吸引更多的专业人士和社会资源参与到项目的建设、管理和监督中，提高项目的专业性和实效性。社会参与可以使项目更加贴近公众的需求和利益，提高服务的针对性和实效性，从而提高项目的质量和效益。

（二）推动项目的创新和改进

“双一流”高校公共项目需要不断创新和改进，通过社会参与，可以吸收更多的创新思想和管理经验，推动项目的创新和改进。另外，社会参与可以促进各种资源和力量的融合和协同，促进项目的全面发展和优化，为项目的创新和改进提供更加有利的条件。

（三）提高项目的透明度和公开性

“双一流”高校公共项目需要提高透明度和公开性，通过社会参与，可以推动项目信息的公开和透明，让公众更加了解项目的进展和成果。社会参与也可以促进政府和项目管理者与公众的互动和交流，提高项目的公开性和透明度，增强公众对项目的理解和支持。

（四）促进社会发展和经济增长

“双一流”公共项目可以促进社会发展和经济增长。社会参与可以让公众更加了解政府的政策和资源，促进公共资源的优化配置，为创新创业提供更加有力的环境。同时，社会参与可以让公众更加积极地参与社会建设和公共事务，发挥社会的创造力和活力，推动社会的进步和发展。

（五）提高公众参与意识和素质

通过社会参与，可以提高公众参与公共事务的意识和素质，培养公众的责任意识和公民素养，推动公众参与公共事务。社会参与可以让公众更加了解和参与公共事务的建设和管理，提高公众的责任感和参与意识，增强公众对公共事务的认同感和参与热情。

（六）促进社会和谐稳定

通过社会参与，可以促进社会和谐稳定，减少社会矛盾和冲突。社会参与可以让公众更加理解政策和措施的必要性和合理性，减少公众对政策和措施的质疑和抵制，增加公众对政府的信任和支持，从而促进社会的和谐稳定。

通过上述分析可以看出，社会参与对于“双一流”高校公共项目的顺利实施和绩效的提高具有重要意义。只有通过全面、规范、有效的社会参与机制，才能实现政府、公众、专业人士和利益相关者的协同参与，发挥各种资源和力量的优势和潜力，推动公共事务的优化和社会的发展。

二、社会参与的方式

社会参与是指公众、利益相关者、专业人士等各类社会主体通过各种方式和途径，参与政府决策、项目建设、管理和监督等公共事务。社会参与的方式和途径多种多样，根据不同的项目和情况，可以选择不同的参与方式和途径。

（一）公众参与方式

1. 问卷调查

问卷调查是一种常见的公众参与方式，可以通过设计合理的问卷，收集公众的意见和建议，了解公众对项目的看法和需求。问卷调查可以通过线上和线下两种方式进行，线上调查可以通过互联网平台、社交媒体等途径进行，线下调查可以通过街头访问、公众会议等方式进行。

2. 公众听证会

公众听证会是一种公开透明的公众参与方式，通过邀请公众代表、利益相关者和专业人士等参加会议，就项目的政策和措施进行讨论和辩论，听取公众的意见和建议。公众听证会可以通过线上和线下两种方式进行，线上听证会可以通过视频会议、网络直播等途径进行，线下听证会可以通过召开公众会议、论坛等方式进行。

3. 公开征求意见

公开征求意见是一种常见的公众参与方式，通过公开发布征求意见的通知和文件，邀请公众代表、利益相关者和专业人士等提出意见和建议，了解公众对项目的看法和需求。

公开征求意见可以通过政府门户网站、新闻媒体等途径进行。

（二）利益相关者参与方式

1. 项目研讨会

项目研讨会是一种利益相关者和专业人士参与的方式，通过邀请项目管理团队、专家学者、行业协会、企业代表等参加会议，就项目的技术、管理和市场等方面进行讨论和交流。项目研讨会可以通过线上和线下两种方式进行，线上研讨会可以通过视频会议、网络直播等途径进行，线下研讨会可以通过召开专家会议、行业研讨会等方式进行。

2. 利益相关者会议

利益相关者会议是一种重要的利益相关者参与方式，通过邀请利益相关者参加会议，了解他们的需求和诉求，协商解决方案和措施。利益相关者会议可以通过线上和线下两种方式进行，线上会议可以通过视频会议、网络直播等途径进行，线下会议可以通过召开利益相关者会议、企业座谈会等方式进行。

3. 利益相关者问卷调查

利益相关者问卷调查是一种常见的利益相关者参与方式，可以通过设计合理的问卷，收集利益相关者的意见和建议，了解他们对项目的看法和需求。利益相关者问卷调查可以通过线上和线下两种方式进行，线上调查可以通过互联网平台、社交媒体等途径进行，线下调查可以通过企业调研、电话访问等方式进行。

（三）专业人士参与方式

1. 专家评审会

专家评审会是一种重要的专业人士参与方式，通过邀请专家学者、行业专家等参加会议，对项目的技术、管理和市场等方面进行评审和指导。专家评审会可以通过线上和线下两种方式进行，线上评审会可以通过视频会议、网络直播等途径进行，线下评审会可以通过召开专家会议、行业研讨会等方式进行。

2. 专业咨询服务

专业咨询服务是一种重要的专业人士参与方式，通过邀请专家学者、行业专家等提供咨询服务，解决项目建设和管理中的技术和管理难题，从而提高项目的效益和绩效。专业咨询服务可以通过线上和线下两种方式进行，线上咨询服务可以通过网络咨询、电话咨询等途径进行，线下咨询服务可以通过召开咨询会议、专家咨询等方式进行。

三、发挥社会参与的作用

（一）确定项目目标和需求

在“双一流”高校公共项目中，确定项目的目标和需求是项目实施的第一步，也是项目成功的关键所在。为了确保项目的合法性、合理性和可行性，需要邀请各利益相关者和专业人士参与项目目标和需求的确定，充分听取各方的意见和建议，制定更加科学、合理的项目目标和需求。

1. 邀请利益相关者和专业人士参与项目目标和需求的确定的意义

（1）确保项目目标和需求的合法性和合理性。利益相关者和专业人士是公共项目中的主要参与方，他们对于项目目标的合法性和合理性具有重要影响。通过邀请他们参与项目目标和需求的确定，可以充分听取各方的意见和建议，更好地满足公众和利益相关者的需求，确保项目目标的合法性和合理性。

（2）提高项目目标的科学性和实用性。邀请专业人士参与项目目标和需求的确定，可以获得更加科学和实用的项目目标和需求。专业人士具有较高的专业素养和技术能力，可以提供更加全面和深入的建议和意见，使项目目标更加科学、合理和实用。

（3）提升公众和利益相关者的满意度。公共项目的目的在于服务公众和利益相关者，通过邀请他们参与项目目标和需求的确定，可以提升他们的参与感和满意度。同时，公众和利益相关者对项目的目标和需求有更深入的了解，有利于项目的顺利实施和有效管理。

2. 邀请利益相关者和专业人士参与项目目标和需求的确定的注意事项

（1）尊重各方意见和建议。在项目目标和需求确定过程中，需要尊重各方的意见和建议，理解各方的需求和利益，保持开放和包容的态度，充分听取各方的意见和建议，通过协商和讨论，寻求共识，达成统一的目标和需求。

（2）公开透明。在项目目标和需求确定过程中，需要保持公开透明，向公众和利益相关者充分公开项目的信息和进展情况，让各方参与项目决策和管理，增强公众和利益相关者的信任和认同。

（3）专业化和科学化。在项目目标和需求确定过程中，需要保持专业化和科学化，选取具有相关专业背景和经验的人员进行评估和审查，提供专业性建议和意见，为项目目标和需求的制定提供科学依据和技术支持。

（4）细化目标和需求。在项目目标和需求确定过程中，需要将整体的目标和需求细化成具体的实施方案和目标指标，为项目的实施提供具体的指导和实施路径，同时也方便对项目实施过程中的绩效进行评估和监控。

（5）充分考虑社会效益。在项目目标和需求确定过程中，需要充分考虑项目的社会效益，尤其是对公众和利益相关者的影响，如何最大限度地提高社会效益是需要重点考虑的问题，同时也需要充分考虑项目的可持续性，确保项目的长期效益。

（6）建立监督机制。在项目目标和需求确定过程中，需要建立有效的监督机制，监督项目的目标和需求的实现情况，及时发现和解决问题，确保项目的顺利实施和目标的达成。

（二）提高项目的质量和效益

为了提高项目的质量和效益，需要通过多种方式来增加公众和利益相关者的参与和反馈，其中包括公众听证会、利益相关者会议等方式。

其中，公众听证会的实施方法包括：

（1）制订听证会方案。在制订听证会方案时，需要明确听证会的主题、时间、地点、参与方式等内容，同时也需要明确听证会的目的和意义，确保听证会的顺利进行和目标的达成。

（2）邀请公众参与。在邀请公众参与时，需要通过各种渠道进行宣传和推广，如媒体宣传、社交网络宣传、海报、传单等，让更多的公众了解听证会，并积极参与。

（3）组织听证会。组织听证会时，需要制定详细的议程和流程，确保听证会的顺利进行和参与者的积极参与，同时也需要提供充足的时间和机会让参与者表达自己的意见和建议。

利益相关者会议的实施方法基本与公众听证会相同，即制订利益相关者会议方案，邀请公众参与和组织利益相关者会议。除了公众听证会和利益相关者会议，还可以通过其他方式，如问卷调查、网上投票、社交媒体等方式，增加公众和利益相关者的参与度和反馈。

总之，公众和利益相关者的参与是公共项目管理中的重要环节，可以提高项目的质量和效益，避免问题和风险，为项目的顺利实施提供有力的支持。在实际操作中，需要根据具体项目的特点和需求，选择合适的参与方式，并充分听取各方的意见和建议，保持公开透明，保持专业化和科学化，以最大限度地发挥公众和利益相关者的作用。

第五章
结论与建议

第一节 结论

经过深入探讨和分析，可得出以下结论：

首先，绩效评价理论是公共项目绩效评价的基础理论，包括评价目标、评价指标、评价方法和评价结果等方面。针对“双一流”高校建设的特点，本书提出了一套适用于“双一流”高校公共项目的绩效评价指标。

其次，本书构建了“双一流”高校公共项目绩效评价体系。该体系明确了评价目标和对象、确定了评价指标体系、建立了评价数据采集和分析系统。

最后，本书提出了强化受托责任机制、充分发挥社会参与作用的建议，旨在推动“双一流”高校建设的顺利实施和公共项目绩效评价的不断完善。

总之，本书对“双一流”高校建设和公共项目绩效评价的理论和实践具有重要意义，为实现公共项目绩效评价的科学化、规范化和有效化做出了积极的探索和贡献。

第二节　对“双一流”高校建设的启示

“双一流”高校公共项目绩效评价是一个系统的、全面的、科学的绩效评价体系，它在评价和监控“双一流”高校建设项目的过程中发挥着重要的作用。通过对“双一流”高校公共项目绩效评价的实践和探索，可以为“双一流”高校建设提供一些启示，具体如下。

一、重视项目绩效评价

项目绩效评价是确保“双一流”高校建设取得实实在在成果的关键。要重视项目绩效评价工作，建立健全的绩效评价机制和监督机制，及时发现和解决问题，提高项目的执行效率和质量，确保“双一流”高校建设取得实实在在的成果。

二、建立有效的社会参与机制

社会参与是“双一流”高校建设的重要保障。要建立有效的社会参与机制，增强利益相关者的参与意识和参与能力，加强政府与社会各方的沟通和协作，形成合力，推进“双一流”高校建设和现代化进程。

三、强化受托责任机制

受托责任机制是保证“双一流”高校建设顺利实施的重要保障。要强化受托责任机制，明确各方责任和权利，建立健全的沟通机制和绩效改进计划，加强信息公开和数据共享，提高“双一流”高校建设的透明度。

四、加强技术创新和应用

技术创新和应用是推进“双一流”高校建设的重要动力。要加强技术创新和应用，推动大数据、人工智能、云计算等前沿技术的研究和应用，提高科研水平和创新能力，推进“双一流”高校建设的快速发展。

总之，对“双一流”高校公共项目绩效评价体系的探索对“双一流”高校建设有很多启示，要从多方面入手，不断提高“双一流”高校建设的质量和效益，推动高等教育事业的可持续发展。

第三节　政策建议和应用前景

一、政策建议

（一）加强政策宣传和推广

在推行“双一流”高校公共项目绩效评价体系前，需要加强政策宣传和推广，提高政策的知晓率和理解度。政府部门、高校、科研机构等各方需要加强对政策的宣传，通过多种方式进行宣传和推广，如政策解读、经验分享、案例分析等，增强各方对政策的认知和接受度，推进政策的落实和实施。

（二）建立健全的政策体系

建立健全的政策体系是推进“双一流”高校公共项目绩效评价的必要条件。政府部门需要加强对政策的研究和制定，建立健全的政策体系，完善政策的法律法规体系、管理制度、评价标准等，为实施绩效评价提供制度保障。

（三）强化监督和责任追究

加强对绩效评价的监督和责任追究是确保政策实施的有效性和可持

续性的重要保障。政府部门需要建立健全的监督和追究机制，加强对绩效评价的监督和检查，及时发现和纠正问题，加强对责任人的问责和追究，推动政策的有效实施和落实。

二、应用前景

（一）促进“双一流”高校建设的高质量和高效率

“双一流”高校公共项目绩效评价可以有效提高项目的质量和效益，促进“双一流”高校建设的高质量和高效率。通过对项目的目标、任务、指标、进度等方面进行评价和监控，及时发现和解决问题，提高项目的执行效率和质量，确保“双一流”高校建设取得实实在在的成果。

（二）推进政府治理体系和现代化能力的提升

“双一流”高校公共项目绩效评价可以推进政府治理体系和现代化能力的提升。通过建立健全的绩效评价机制和监督机制，增强政府部门的管理能力和执行能力，提高政府的决策水平和效率，推动政府治理体系和现代化能力的不断提升。

（三）促进政府与社会各方的合作与协作

“双一流”高校公共项目绩效评价可以促进政府与社会各方的合作与协作。通过加强社会参与、增强利益相关者的参与意识和参与能力，促进政府与社会各方的沟通和协作，形成合力，推进“双一流”高校建设和政府治理现代化进程。

（四）推进政府开放和透明

“双一流”高校公共项目绩效评价可以推进政府开放和透明。通过信息公开和数据共享，加强政府与社会各方的互动和交流，提高政府的透明度和公信力，提升政府的管理效能和服务水平，推进政府治理现代化进程。

总之，“双一流”高校公共项目绩效评价具有重要的应用前景。政府部门、高校、科研机构等各方需要共同努力，加强政策宣传和推广，建立健全的政策体系，强化监督和责任追究，推动技术创新和应用，促进“双一流”高校建设和政府治理现代化进程。

参考文献

[1] 谢玉龙，李芳，罗军．“双一流”大学建设背景下地方本科院校教育经费管理探讨 [J]. 经济研究导刊，2019（19）：193–195.

[2] 侯宇飞．“双一流”背景下中央高校财政专项资金绩效管理路径之初步研究 [J]. 纳税，2019，13（30）：71–72.

[3] 陈学轼．内部审计助推高校“双一流”建设研究 [J]. 教育财会研究，2019，30（5）：79–84.

[4] 董森．高校财务信息化绩效评价指标体系研究——基于平衡计分卡 [J]. 会计之友，2019（24）：147–152.

[5] 乔春华．高校开展整体绩效评价的思考 [J]. 会计之友，2020（20）：73–77.

[6] 史淑霞．基于战略地图的高校预算管理绩效评价研究——以 T 大学为例 [J]. 会计之友，2019（9）：82–86.

[7] 王莹．高校绩效评价体系构建与量化研究——以 W 高校为例 [J]. 会计之友，2019（14）：17–23.

[8] 丁田平．平衡计分卡在高校专项资金管理中的应用——以 TL 高校为例

[J]. 中国注册会计师，2020（3）：96–100.

[9] 王力斌，张伟，顿文涛 . 高校信息化建设演进分析 [J]. 河南工业大学学报（社会科学版），2016（2）：148–153.

[10] 王信敏，丁浩 .“双一流”建设背景下高校教育资源错配与调整——以山东省为例 [J]. 财会月刊，2018（8）：124–131.

[11] 李晶 .“双一流”背景下高校财务建设的对策研究 [J]. 商业会计，2018（14）：103–105.

[12] 徐浪 . 高校教师社会角色与社会责任的反思 [J]. 中国高校科技，2019（4）：8–11.

[13] 伍海泉，宋佳航 . 高校财务绩效评价指标体系研究 [J]. 会计之友，2016（18）：100–105.

[14] 程卓蕾，胡振华，刘文斌 . 利益相关者理论在高校绩效管理中的应用研究 [J]. 湖南大学学报（社会科学版），2011，25（2）：63–67.

[15] 廖帅，葛梅，张兴旺，等 . 高校科研绩效评价研究热点与趋势——基于可视化知识图谱分析 [J]. 中国高校科技，2020（8）：34–37.

[16] 张男星，孙继红 . 投入产出法在高校绩效评价中的运用 [J]. 高教发展与评估，2012，28（2）：21–25，116，117.

[17] 郜林平，鲁勇兵 . 基于 DEA 方法的高校 R&D 投入产出绩效评价与对策研究——以河北省 29 所高校为例 [J]. 经济与管理，2016，30（2）：37–42.

[18] 孙涛，郑秋鹏，王炜，等 .BSC+KPI 视阈下高校教师绩效考核体系构建——基于德尔菲法和层次分析法的应用 [J]. 中国高校科技，2020（6）：21–26.

[19] 夏丹 . 基于层次分析法的高校预算绩效评价体系研究 [J]. 财会通讯，2020（1）：172–176.

[20] 王海妮 . 高校科研经费内部控制管理绩效评价研究 [J]. 会计之友，2020（1）：93–98.

[21] 贾敬全，汪佩霞 . 基于 FCE–AHP 方法的高校科研经费绩效评价研究 [J]. 会计之友，2018（14）：115–120.

[22] 许谦 .“双一流”背景下江苏高校师资队伍建设 [J]. 江苏理工学院学报，2018，24（6）：60–64.

[23] 葛道凯 . 新时代“双一流”建设的内涵与路径 [J]. 中国高等教育，2018（5）：29–30.

[24] 尹虔颀 .“双一流”战略下行业特色型高校师资队伍建设的思考 [J]. 台州学院学报，2017，39（2）：53–55，78.

[25] 孙绪敏 . 深化高校教师绩效评价路径研究 [J]. 教育发展研究，2015，35（23）：36–40.

[26] 梁叶新，谭天伟，姜广峰 .“双一流”背景下一流师资队伍建设的探索与实践 [J]. 中国大学教学，2019（1）：78–81.

[27] 周双喜，谢延浩 . 均衡思维下高校教师绩效评价的原则与方法 [J]. 黑

龙江高教研究，2018，36（10）：108–113.

[28] 陈燕，任超，汪启思，祝苏东 .“双一流”建设背景下学科师资队伍评价探究 [J]. 学位与研究生教育，2017（10）：55–58.

[29] 廖咏滔 . 高校教师绩效评价管理设计 [J]. 教育与职业，2015（12）：61–63.

[30] 董丽红 .“双一流”战略下高校教师队伍专业化建设 [J]. 黑龙江高教研究，2017（10）：113–115.

[31] 王战军，刘静，乔刚 . 清理“四唯”呼唤“双一流”建设评价创新 [J]. 中国高等教育，2019（1）：16–19，26.

[32] 杨德新 . 地方高校教师绩效评价互动机制研究 [J]. 黑龙江高教研究，2021，39（2）：7–11.

[33] 赵培臣 . 基于新旧动能转换背景下的高校教师绩效评价模型研究 [J]. 菏泽学院学报，2020，42（3）：72–76.

[34] 王依琳 . 高校教师绩效评价制度“同形化”及消解路径 [J]. 教育探索，2019（6）：91–94.

[35] 张泳，张焱 . 分类发展视角下的高校教师绩效评价体系构建——基于德尔菲法的调查研究 [J]. 高教探索，2018（8）：97–103.

[36] 李靖波，刘丽娟 . 基于特长发展的高校教师绩效评价体系理论与构建 [J]. 沈阳大学学报（社会科学版），2018，20（3）：291–296.

[37] 王春春 . 高校教师教学绩效评价体系探析——基于美国精英文理学院

的经验与启示 [J]. 当代教育科学，2017（11）：59–62.

[38] 李洪深 . 应用型高校教师绩效评价研究 [J]. 山东青年政治学院学报，2017，33（6）：7–11.

[39] 林苍松 . 转型背景下的地方高校教师绩效评价体系探析 [J]. 福建江夏学院学报，2017，7（2）：111–118.

[40] 王英杰 . 规律与启示——关于建设世界一流大学的若干思考 [J]. 比较教育研究，2001（7）：1–8.

[41] 钟建林 ."双一流"建设的历史理路、现实审思与未来路向 [J]. 东南学术，2018（3）：115–122.

[42] 李春林，邓寒怡 . 中国省域"双一流"政策文本量化分析 [J]. 高等工程教育研究，2019（4）：145–151.

[43] 马源 . 中国高等教育"双一流"建设的演化、探索与展望 [J]. 四川理工学院学报（社会科学版），2019，34（4）：70–87.

[44] 郭书剑 ."双一流"建设理论研究与实践探索——《江苏高教》2018 年高层论坛综述 [J]. 江苏高教，2018（6）：1–5.

[45] 曾强，赵公民，俞立平 . 世界大学评价比较及对中国"双一流"大学评价的启示 [J]. 情报杂志，2019，38（3）：61–66.

[46] 苏红伟，宋广林，姜转宏，等 . 建设学科群：一流大学提升核心竞争力的重要举措 [J]. 高等农业教育，2019（3）：3–7.

[47] 宁波，郭靖 . 中国海洋高等教育 70 年回顾与展望 [J]. 宁波大学学报

（教育科学版）2019，41（5）：21–29.

[48] 王平祥，刘辉，谢书山，等．高质量推进“双一流”建设的探索与实践 [J]. 高等农业教育，2020（1）：18–21.

[49] 王平祥．历史演进视域下世界一流大学本质特点与建设路径 [J]. 高等农业教育，2021（1）：3–7.

[50] 张应强，周钦．“双一流”建设背景下的高校分类分层建设和特色发展 [J]. 大学教育科学，2020（1）：14–21.

[51] 李文．“双一流”背景下中国大学理念的反思与铸建 [J]. 现代教育管理，2019（7）：49–53.

[52] 陈洪捷，巫锐．“集群”还是“学科”：德国卓越大学建设的启示 [J]. 江苏高教，2020（2）：1–8.

[53] 杨岭，毕宪顺．“双一流”建设的内涵与基本特征 [J]. 大学教育科学，2017（4）：24–30.

[54] 韩益凤．“双一流”建设背景下大学理念的重申 [J]. 黑龙江高教研究，2018，36（9）：5–8.

[55] 林杰，洪晓楠．论世界一流大学建设的中国道路——国家行动与大学自主办学的耦合 [J]. 大学教育科学，2020（2）：26–32.

[56] 邓飞，邓鹃．高校信息化项目建设绩效评价研究 [J]. 中国管理信息化，2020，23（10）：101–102.

[57] 何辉．高校预算绩效管理中若干问题研究 [J]. 财会学习，2020（5）：

87–88.

[58] 吉朝明，向磊 .IT 治理视角下高校信息化绩效影响因素的实证研究 [J]. 中国现代教育装备，2019（21）：97–99，120.

[59] 党建宁，杨晓宏，王馨晨 . 教育信息化 2.0 下的高校信息化绩效评价模型和指标体系研究 [J]. 电化教育研究，2019，40（8）：45–52.

[60] 杨峰，马铭 . 高校信息化工程多级模糊评价模型构建 4E 标准 [J]. 吉林大学学报（信息科学版），2018，36（6）：694–700.

[61] 田生湖，姚建峰，赵学敏，等 . 高校教育信息化治理绩效评价研究 [J]. 电化教育研究，2018，39（3）：29–34.